↑ヴォンダー・フォスケ
B45-411053　RC　♀
伝説的銘鳩である小さな栗の雌は快晴で北東の風（逆風）が吹くとき、数多くの優勝を獲得した。父方、キューレマンスのフォス26。母方、スカーリ・ブラウヴェ32。

←バンゲ・ファン59
B59-6236207　BC　♂
バンゲ51の息子。直子クレインチェ、孫に有名なド・アウデ・メルクスがいる。ヤンセン鳩舎の黄金ライン。

スケルペ・ファン66　ＢＣ　♂　ヤンセン鳩舎最高ブリーダーの１羽。直子にスケルペ・ファン68。孫にエイスコップ（Ｂ73-6276340）など銘鳩多数。

ヘールオーガー　B67-6282077　リヒテ　♂　16回優勝　柿目の典型的なチャンピオン。有名なメルクスと同年齢。深い竜骨をもっていた。

アウデ・メルクス　B67-6282031　リヒテ　♂　自転車競走のヒーロー、エディ・メルクスに因んで命名。直子ヨング・メルクス、019、フェローなど。

ヨング・リヒテ・ファン69　ヤンセン系にはこのような表現の鳩が多い。69年生まれの明るい灰胡麻の雄。ヤンセン固有の呼称がすべてを物語る。

ヨング・メルクス　B70-6243257　リヒテ　♂　優勝15回。父のメルクスと比べてやや頑丈なボディ。羽色も同じ、頭部はどちらかというと雌タイプ。

アウデ・ラケット　B73-6276400　リヒテ　♂　優勝10回　父アウデ・ヴィットオーガー（優勝10回）母方祖父ヨング・メルクス。

０１９　B73-6736019　リヒテ　♂　優勝18回　このラインは21世紀に入った今日までヤンセン鳩舎の支柱でありつづけた。高温逆風のレースに強かった。

スコウマン　B76-6371905　B　♂　何回かのレースで優勝　父は０１９の兄弟、母はアウデ・ドンケレ50の孫娘。

ヨング・ラケット　B76-6129297　リヒテ　♂　２週連続優勝、３週目は２位入賞。若鳩で17回入賞の実績を持つ。父アウデ・ラケット。

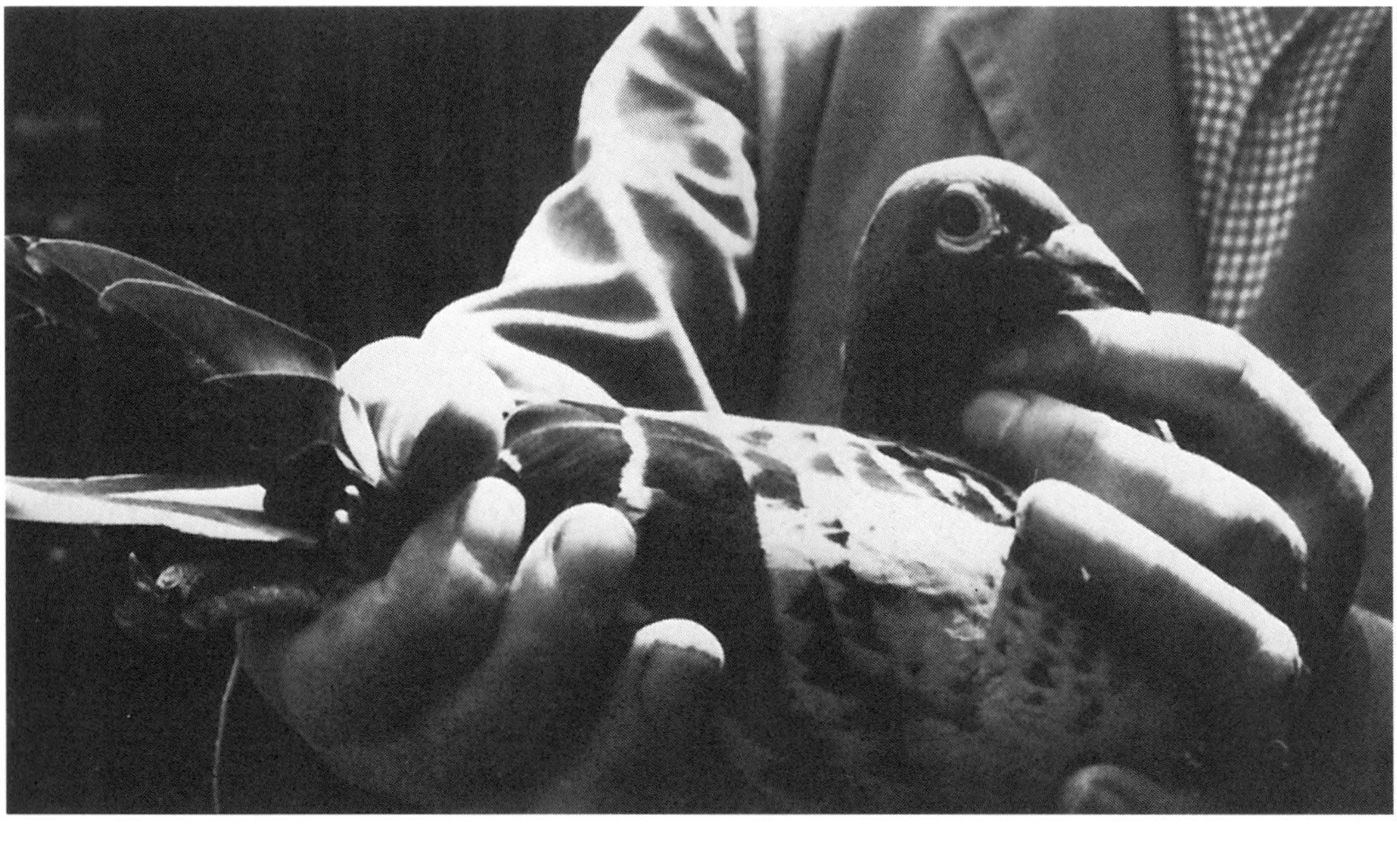

クレイン・ブラウ・ファン78　好レーサーであり、衝撃的な美しさを兼備した
メス鳩。父フーデ・ヤーリング・ファン72、母は０１９と同じ。

リヒト・ファン80　80年生まれの明るい胡麻のメス　父アウデ・ラケット。

スコーン・ブラウ・ファン76　B76-6129245　美しい灰のメス
父ヨング・スケルペの息子、019の異父兄弟。直子78年生ジッター。

リヒト・ファン81　上記スコーン・ブラウ・ファン76の娘。有名なジッターの
半兄弟にあたる。

永遠のヤンセン

ヤンセン・ファミリー100年の歴史　Part Ⅰ

アド・スカーラーケンス

愛鳩の友社

前書き

著者／アド・スカーラーケンス

世界中で、アーレンドンクに住むヤンセン兄弟ほどその名前が頻繁に語られた愛鳩家はいないはずです。

ヘンリー・ヤンセンと彼の息子達は、鳩界に革命を起こしました。そして各国の鳩界ジャーナリスト達も、アーレンドンクのヤンセン・ファミリーが、彼らの比類ない鳩で今日のレース鳩の質を高めたということを認めています。。

それゆえに、この本はヘンリー・ヤンセンと彼の息子達に捧げられるべき一つの詩と考えられます。私たちが、未だ一度たりとも公開されたことのないような貴重な情報を集めたとしても、それが完璧なものだとは言えないでしょう。

しかも、膨大にいるヤンセンの血を引く優秀な鳩をトレースしていくだけでも、気の遠くなるような課題であり、ヤンセンという題材を追及すれば追及するほど深みにはまってしまうのです。

事実、私たちはヤンセンの血を引く絶対的に優れた国際的にトップクラスの銘鳩に、それこそ毎日のように巡り会ってきました。また、名前こそ知られていませんが、ヤンセン系の鳩を飛ばすレースマンの数は底知れません。

この本に紹介する鳩や愛鳩家は、無差別に選択したものではありません。確かに、この本の中に紹介してもおかしくないような数多くの鳩や愛鳩家に、絶えず巡り会ってきましたが、この限られたスペースに、それら総てを紹介することは不可能なのです。ここに紹介しきれなかった愛鳩家の方々に予めお詫び致します。

一般的な知識に関しては、私たちは正しいデータを再現するべく最大限の努力しましたが、それは決して容易なことではありませんでした。

ヤンセン兄弟を訪問した愛鳩家の数は、長い年月の間に何千人にも上りますが、彼らは皆、ヤンセン兄弟から血統書を手に入れることがどれほど大変な事かを知っています。なぜなら、パソコンなどできっちりと鳩舎原簿が管理されていたわけではないからです。

ヤンセン兄弟がいかに正直な人間であるかは周知の通りで、もし彼らの血統書に少しでも疑問を持つのであれば、ヤンセン兄弟の評判を何処でも行って聞いて、自分で判断すれば良いのです。

もしルイが、所有権証の裏に『フード・リヒトの直系』と書いていれば、それはその通りなのです。ここ何年かの間に、10羽及びそれ以上の同じ『フード・リヒト』という名前の鳩がいました。将来、またヤンセン系について記述する人が必ずいるはずですが、混乱をまねくことは間違いないでしょう。

　何枚かの血統書については、10回以上も書き直さなければなりませんでした。正確な情報だけが、私たちにとって不可欠であり、これまでに公表されてきた事の多くに誤りがあったことが分かったからです。これに関しては本当にうっとうしいかぎりでした。ヤンセン通の年配の愛鳩家に、何十回となくインタビューを繰り返して、真実を追究しました。その結果、常にヤンセン兄弟を覆っていた神秘のヴェールは、少しずつですが確実にはがされていきました。

　だからこそ、この本以前に、或いはこの本以上にヤンセン兄弟の真実に近づいた本は、どこを探してもないと断言出来るのです。一般的には正しいとされ、書物にも記されている事柄であっても、それは私たちにとって、真実でもなければ事実でもありませんでした。

　例えば、多くの印刷物や本では、ヤンセン兄弟が最初で最後のオークションを行ったのは、１９４９年アーレンドンクにおいてだと記されています。しかし、私たちの目の前には１９３８年と１９５１年のオークション・カタログがあります。

　更に例を挙げましょう。ヤンセン・ピジョンに関心を持っている人々のほとんどは、ヤンセン兄弟がこれだけの名声を得ることが出来たのは、スクーテルスから購入した銘鳩〝アープ〟によるものだと信じています。しかし、〝アープ〟は実際には一度もヤンセン兄弟の鳩舎にいたことはありません。更には、今や伝説的銘鳩となった〝ラッペ・ファン1935〟（〝アープ〟の息子）もヤンセン鳩舎にいたことはありませんが、後に明らかになりますが、この基礎鳩はスクーテルスから来たものではないのです。

私たちは、〝ラッペ〟の父である〝スカーリー・ブラウヴェ・ファン32〟が名も無い愛鳩家から購入されたとの目撃情報をある愛鳩家から聞いたこともあります。

つまり、私たちが手に入れることが出来た最も古い資料に書かれていることでさえ、鵜呑みにすることはできなかったのです。正しい知識を提供することが私たちの挑戦であり、長い間には目標になっていきました。

最後に、この本では歴史的な話が大部分を占めていますが、ここで使われた写真は、必ずしも今日のハイレベルの写真とは比べものになりません。にもかかわらず、この本が発刊されることにより、ヤンセン兄弟の尊厳や名声が、永遠に語り継がれることに役立つことを深く願っております。

著者アド・スカーラーケンスとご夫人

◎著者プロフィール

アド・スカーラーケンス

1946年生まれ、58歳。ヤンセン系のチャンピオン、ヨング・メルクスなどのラインを駆使してオルレアン・ナショナルダービーで活躍。

一方では、ピジョン・ジャーナリストとして健筆をふるい、オランダNPO紙をはじめ各紙に寄稿する。1983年に執筆したヤンセン・ブック（永遠のヤンセン）は全世界に読者をもつロング・セラーである。

C・ファン・ゴール氏（アーレンドンク市長）に記念すべき第1刊“ヤンセン・ブック”（オランダ語版）を手渡すルイ・ヤンセン

日本語版への序文

愛鳩の友社社長　明神庄吾

ピジョン・スポーツの世界で「ヤンセン・アーレンドンク」という固有名詞ほど人口に膾炙したものは他に例がない。一昔前までは姓がアーレンドンク、名はヤンセンと錯覚していた愛鳩家が結構多かった。今になってみると、ベルギーとオランダの国境沿いにあるアーレンドンク村に居住するヤンセン一家という意味だということは誰もが知っている。しかし、わずか四半世紀前までは神秘のヴェールに包まれていて、情報らしきものは殆ど入手できなかったという歴史的事実がある。

カルチャーにしろ、スポーツにしろ後進国では何事も活字情報が一歩先に先に入ってきて、現物が後から追っかけてくるというのが相場である。英語を読めても英語の話せない日本人などその典型というべきか。ヤンセン系の場合、事態は逆になっていた。ヤンセン系の鳩が入ってきて、一部の愛鳩家の間で熱烈な評価を受けているにも拘わらず、作出鳩舎の実体は煙に巻かれた状態が実に長く続いた。その原因については本著を読めば容易に理解できる。

ヤンセン兄弟は実にユニークである。活字以前に、文字表現をすること自体、熱心な兄弟ではなかった。所有権証の裏側に父母両系が走り書きされているのが関の山で、そもそも血統書などというものに本人たちが何の意味も見出していなかった。もっぱらドイツやオランダの愛鳩家たちの要請でシンプルなフォーマットに記述するようになったのが経緯らしい。

それにしても依然としてヤンセン鳩舎の実体が分からないという疑問符を私たちは抱きつづけてきた。本書の著者スカーラーケンス氏が冒頭で「ヤンセン兄弟の固有語彙」について解説しているのは理にかなったことである。自己表現、自己伝達をすることより自分たちの鳩に対する感性を兄弟は最も重視してきた。羽根色一つとってもフォスやスカーリーなど戸惑いを隠せない。

かてて加えてオランダ語、フラマン語（オランダ語の方言）、フランス語が入り混じって使用されているのが本場ヨーロッパの実状である。人名や地名は無論のこと、普通名詞でさえ日本的呼称と現地語との誤差修正に思いの外てこずり、苦戦したことを表明しておかなくてはならない。

スカーラーケンス氏が本著を世に出したのは今から二十一年前のことである。ヤンセン・ファミリーとヤンセン系についてこれほどまとまった著作は未だ類例がない。愛鳩家諸氏の要望を汲み取りきれず日本語版の発刊が遅れたことをお詫びして序に代えたい。

CONTENTS

Wij de Gebr. Janssen, schoolstraat 6 Arendonk zijn blij het boek "Gebr. Janssen beroemdste duivenliefhebbers aller tijden" voor te kunnen stellen.
Toen Ad Schaerlaeckens ons intertijd benaderde een boek over ons en ons ras te schrijven hebben wij onmiddelijk toegestemd.

Wij zien dit als een eerbewijs aan onze overleden ouders zuster en broers.
Duivensport is bij ons altijd een familiesport geweest, en dat wij een soort duif wisten te kweken die zoo gewild was, is de verdienste van ons allemaal.

Wij hebben lange tijd met Ad Schaerlaeckens en alleen met hem samengewerkt.
Wij gaven hem alle gegevens, gevraagde inlichtingen, informatie oude dokumenten, uitslagen, enz.
Wij wensen Ad Schaerlaeckens veel succes en.... de duivenliefhebbers veel leesgenot.

Gebr. Janssen
Schoolstr. 6
Arendonk.

鳩界に革命をもたらした
アーレンドンクのワールド・チャンピオン
ヤンセン・ファミリーに捧ぐ

私たち、アーレンドンク・スコール通り６番地のヤンセン兄弟は、ヤンセン・ファミリーの100年の歴史を、“永遠のヤンセン”という単行本して、ここに紹介出来ることを大変喜んでおります。アド・スカーラーケンス氏から、私たちの家族や鳩の血統に関する本を書きたいという提案があった時、私たちはすぐに同意しました。

この本は、既に他界した両親、兄弟姉妹にとって大変名誉なことです。私たちにとって鳩レースは、いつの時代もファミリー・スポーツでした。そして私たちが作出した鳩が、それほどまでに有名になったということを大変有り難く思っています。

アド・スカーラーケンス氏から要請された情報、古い資料、レース成績の収集など、彼との共同作業は、長期にわたりました。私たちは、スカーラーケンス氏が大きな成果を収めると共に、全ての愛鳩家の方々がこの本を読んで、喜びを得られることを願っております。

ヤンセン兄弟
スコール通り６番地
アーレンドンク　ベルギー

知っておきたい特殊ワード

ヤンセンの独特なネーミング

理解出来ない！　血統が追えない！　名前は全く意味が分からない！。ダイレクト・ヤンセンの鳩の血統書を見て、そんなジレンマに襲われたことはありませんか？　どこの国の言葉にも方言の問題が付きまとうことは仕方ありません。ヤンセン兄弟が、血統書に書いたことを理解することは、外国人にとっては、いつも恐ろしく大変なことでした。

そこでまず、ヤンセン兄弟が頻繁に用いる名前について、解説を加えて紹介しておかなくてはならないでしょう。

これらの名前の意味することを理解しておけば、ヤンセン兄弟が言わんとすることも分かるでしょう。ほんの小さな単語にも重要な意味が隠されているのです。

例えば、〝VAN〟（ファン）は、〝〇〇〇〇から作出された〟と訳すように、もしダイレクト・ヤンセンの鳩の血統書に〝BLAUWEN VAN〟（ヴラウヴェン・ファン…）と書いてあれば、それは〝〇〇〇〇から作出された灰の雄〟という意味になるのです。そして勿論、この他にも数え切れない程の特殊な名前があるのです。

同様に、鳩の購入者によく分かるようにと、鳩の名前の中に作出した年を加えたり、或いは祖先との繋がりを加えたりします。

例えば、〝GESCHELPTE VAN DE WITOGER VAN 65〟（ヘスケルプト・ファン・ド・ヴィットオーガー・ファン65）をヤンセン兄弟の方法で翻訳すると〝65年の銀目の雄から生まれた灰胡麻の雄〟という意味になるのです。

これで、既にダイレクト・ヤンセンの鳩を飼っている愛鳩家の方々も、その鳩や両親のこと、そしてこの典型的なヤンセンのチャンピオン鳩の単純な命名方法が、少しは理解出来たことでしょう。

※詳細は24～25頁参照

羽色、目色、体型、老若を表す名称

DOFFER（ドファー）＝♂

DUIFJE（ダィフィエ）／DUIVIN（ダィフィン）＝♀

雄	雌	羽色名	記号
BLAUWEN＝ブラウヴェン	BLAUW(-KE)＝ブラウ（ケ）	灰	B
LICHTE(N)＝リヒテ（ン）	LICHT＝リヒト	薄い灰胡麻	LBC
GESCHELPTE(N)＝ヘスケルプテ(ン)	GESCHELPT＝ヘスケルプト	灰胡麻	BC
DONKEREN＝ドンケレン	DONKER＝ドンケル	濃胡麻	DC
MALIE＝マリー	MALIEKE＝マリーケ	胡麻（全般）	
VOS(VOSSE)＝フォス（フォッセ）	VOSKE(VOSSE)＝フォスケ(フォッセ)	栗胡麻	RC
SCHALIE＝スカーリー	SCHALIEKE＝スカーリーケ	スレート	ペンシル
WITPEN＝ヴィットペン	WITPENNEKE＝ヴィットペンネケ	刺毛	W

		目色名
WITOGER＝ヴィットオーガー	WITOOGSKE＝ヴィットオーグスケ	白銀目　銀目
ROODOGER＝ロードオーガー	ROODOOGSKE＝ロードオーグスケ	柿目(の一部) 赤目
GEELOGER＝ヘールオーガー	GEELOOGSKE＝ヘールオーグスケ	黄目
		柿目のオレンジに近い色

		体型名
GROTEN＝グローテン	GROTE DUIF＝グローテ・ダィフ	大きい鳩
KLEINEN＝クレイネン	KLEINTJE＝クレインチェ	小さい鳩
DIKKE＝ディッケ	DIK＝ディック	筋肉のついた ガッチリとした鳩

		老若からの名
OUDE＝アウデ	OUD＝アウド	古い　年老いた　親の
JONGE＝ヨンゲ	JONG＝ヨング	新しい　若い　子の

※上記の日本語表音は、出来る限り実際の発音に近く表記してある。

ヤンセンの独特なネーミング

鳩名	意味
BANGE(N)＝バンゲ（ン）	臆病、怖がり、神経質といった悪い性質。いつも一番端の隅にいる。
VOS＝フォス	キツネ、ごく一般的に鳩界で羽色名に用いられる。いわゆるキツネ色で、ヤンセン鳩舎では、チャンピオンのラインに多い。
SCHERPEN＝スケルペン	キールがシャープ。竜骨が鋭角、いわゆる深めの鳩
MERCKX＝メルクス	有名な競輪選手エディ・メルクスの名に因んで付けられた。４年連続ヨーロッパ選手権を獲得したベルギーの英雄的レーサー
JONGE MERCKX＝ヨンゲ・メルクス	ヤング・メルクス。メルクスの子
STIER＝スティール	雄牛。大きな頭をした鳩
ZITTER＝ジッター	直訳すると“座り者”。レース帰還時、しばしば屋根に止まりなかなか入舎しない。
SCHOUWMAN＝スコウマン	煙突マン。この鳩のお気に入りの場所は、煙突の上。
TELEVISIEMAN＝テレフィスマン	テレビマン。この鳩のお気に入りの場所は、テレビのアンテナの上。
VELO＝フェロー	レースで自転車を獲得した鳩。VELOとは自転車の事。
RAKETMAN＝ラケットマン	ロケットマン。彼は常にロケットのように入舎が速かった。
KWEEKDUIVIN＝クヴェークダィフィン	ストックバード。レースには参加せず、種鳩に用いられた鳩
RAKKERTJE＝ラカーチェ	直訳すると“ラスカル”。ごろつき、ならず者という意味。但し、語呂が似ていることから、ラケットマンの兄弟鳩の名前に用いられている。類名：“RAKETJE”＝ラケッチェ
IJSKOP＝イースコップ	アイスヘッド。この鳩はレースから帰還すると、放鳩籠の天井に頭を摩り付けたらしく、いつも頭が真っ白になっていた。
GOEDE JAARLING＝フーデ・ヤーリング	良い（素晴らしい）１歳鳩
SCHONE ONDER DE TAFEL ＝スコーネ・オンダー・ド・タッフェル	餌台の下の巣箱の素晴らしい胡麻の鳩
JONGE RAKET＝ヨンゲ・ラケット	ヤング・ロケット。父に似た鳩で、同じ様に入舎が速い。
"019"	脚環番号の下３桁で誰でも分かる唯一の鳩

※上記の日本語表音は、出来る限り実際の発音に近く表記してある。

手伝っていたシリエル・ヤコブス、シャレル

写真左から　アドリアーン、ルイ、アド・スカーラーケンス、ヤンセン鳩舎で鳩の打刻を

第一章　ヤンセン一家の原像

世界のピジョン・スポーツ界に名を轟かしているヤンセン系は、その名声とは好対照にベルギーの寒村アーレンドンクの素朴なファミリーによって創出された。鳩と生死を共にする一家の原像。

アーレンドンク　偉大なる歴史の地

悠長なアーレンドンクの人々

東洋人が乗った1台の外国ナンバーを付けた大型ベンツが、ものすごいブレーキの音をたてて停まった。その恐ろしく急なカーブは、ドライバーにとっては困難極まりないほどで、丁度カーブがある所に橋が架かっていた。こういった状況が1983年の今日でも存在しているということは、理解に苦しむ。

しかし、それは或る意味、何もかもがすぐに80年代の特徴にとって代わらねばならない訳ではない、というのは一つの希望でもあったはずだ。

ラフェルス・エールからアーレンドンクにかけての地方は美しい光景ばかりで、まるで時間が停まってしまったかのようであった。そこには自然の香りがある。路上には牛の通った跡があり、樹上では野鳥のさえずりが聞こえた。6番橋で番人をしている男は、退屈そうに煙草を巻いていた。その運河の岸辺では、若い男2人が期待を込めた目で彼らの浮きを見つめている。彼らは長靴を履き、20年前であれば何処でも見られたようなオーバーオールを着ていた。

運河には、もうそれほど魚は残っていない。しかし、一日の仕事を終え、或いは学校での勉強を終えた後、岸辺に腰掛けてリラックスすること以上に良いことなど他にはないだろう。ゆっくりと通りかかる船が不自然に目の前の情景に収まっているくらいで、他に気が散るようなこともなければ、邪魔をされることもないのである。

運河の橋は、いつも早く開くか遅く閉まるかのどちらかで、橋の番人は、そのことにイライラしているドライバー達を嬉しそうに眺めている。特

アーレンドンク＝Arendonk

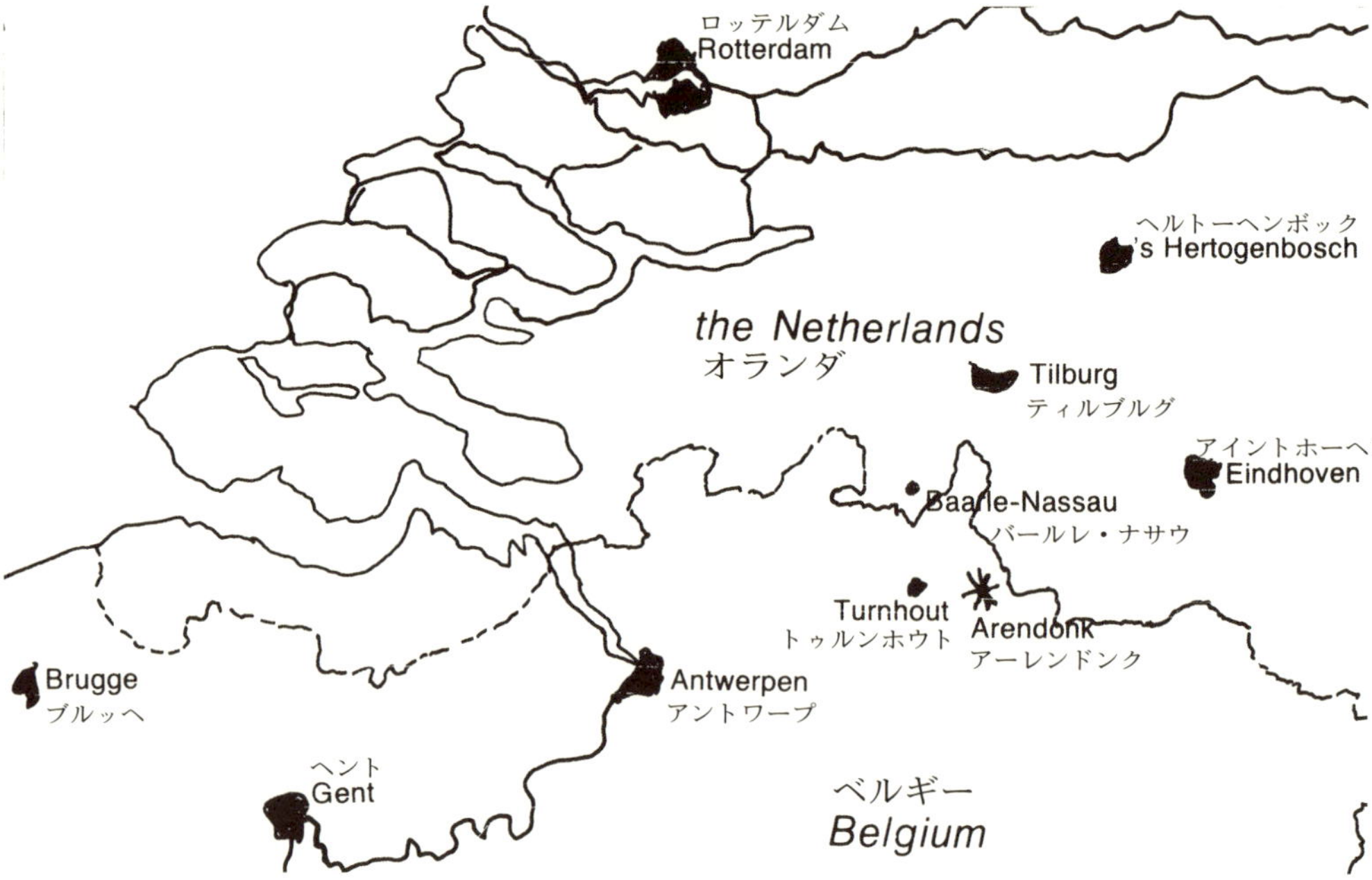

アーレンドンクの町並み

にドイツ人は、このアーレンドンクの人々の悠長さがうっとうしいようで、橋の番人を非難の目で見るのである。

2人の釣師は、東洋人の乗った外国の車をみつけるやいなや、彼らの浮きに対する関心はどこかへ行ってしまい、すぐさまそのベンツへと駆けつけて来たのである。

『ヤンセン兄弟ですか？』と2人が尋ねると、その東洋人は明るくジェスチャーを交えてうなずいた。アーレンドンクでは、どんなに小さな子供でさえもスコール通りの兄弟への道を尋ねられれば答えることが出来た。この兄弟達こそ、世界中どこでも鳩レースが行われているところに、この村の名を知らしめたファミリーだったからである。

恐らく学生であろうと思われるこの2人の釣師達にとっては、学校で習った英語を試し、磨きをかける絶好のチャンスであった。

『真っ直ぐ走って下さい。アイントホーフェンートゥルンホウト線の交差点を突っ切ります。町の中まで迄行ったら左へ曲がって、最初の信号を右折です。すると、その通りの外れの右側にあります。ごく普通の家ですよ』

理解してくれたことを期待しながら日本人か中国人であろうその東洋人を見る。どうやら通じたようである。

アーレンドンクの〝普通の家〟

こういった道案内で、よく〝普通の家〟といった表現がされるが、それはまるで〝さほど立派じゃなくてスミマセン〟といったようにも聞こえる。アーレンドンクの人々は、ヤンセン・ファミリーの偉大さ、名声、それにどれ程豊かであるかを知っているからこそ、多くの外国人が違った期待を抱いているのではと想像し、わざとそういった表現をするのである。

ヤンセン・ファミリーは、実際にごく〝普通の家〟に住んでいる。しかし、それも彼らの名声の一部になっているのである。

彼らは、常にシンプル・ライフを生きてきた。

スコール通り＝Schoolstraat
アイント ホーフェン＝Eindhoven
トゥルンホウト＝Turnhout

アーレンドンクのスコール通り。右手にある二つ目の街灯のそばの家がヤンセン兄弟の家。

アーレンドンクのスコール通り６番地。世界で最も有名な愛鳩家が住む『普通の家』。

彼らがそれ以上の贅沢を望まず、彼らの富や財を決して誇らず、むしろそれを遠ざけてきた。もしも彼らが豪華な別荘風の建物に住んでいたら、決して近隣住人との調和がうまく取れることはなかったであろう。

この世界一のスター鳩舎を、初めて訪問する人々は、驚きの余り目を擦ってしまう。後に、この家の脇に小さな白い門柱が建つことになってるが、これなどはとるに足らぬことである。

この家には、人が来ればすぐにじゃれつき、キャンキャンと鳴く犬がいる。この犬は高価な血統書付の犬でもなければ、血に飢えた獰猛な番犬というわけでもなく、ごくごく普通の犬である。6番地のこの家で飼われている他の動物とは、全く対照的に元気の良い犬である。

特に親しい訪問者に対しては人懐っこい犬であるし、初めての人に対しても、最初の内の警戒心があってもすぐに慣れて、本来の姿に変わってしまうのである。「犬は飼い主に似る」と言ったのは誰であったろうか。

敷地内は本当にきれいで、屋根瓦も毎日擦り洗いをしているかのように見える。庭園は、掃除をした後のようで、鳩の羽根とか糞、それにゴミなどは全く落ちていない。大きく聳え立つ洋ナシの木は、その庭を狭く見せるほどに巨大で、それもきちんと手入れされている。その木には、毎年シジュウカラが同じ場所に巣作りをしているのを楽しむことができる。

フェンスの方を見ると、雪のように白く塗られていて、その前にはベンチが据えられている。そのベンチによく腰掛けていることは、灌木の下に落ちている煙草の吸殻で分かる。

ナチュラルにこだわる

犬が吠え続けるのを、一番上のヤンセン兄弟が話し掛けるようになだめていた。

それがジェフである。

彼は、いつも茶色くなった歯の間にパイプをくわえており、とてもフレンドリーであった。

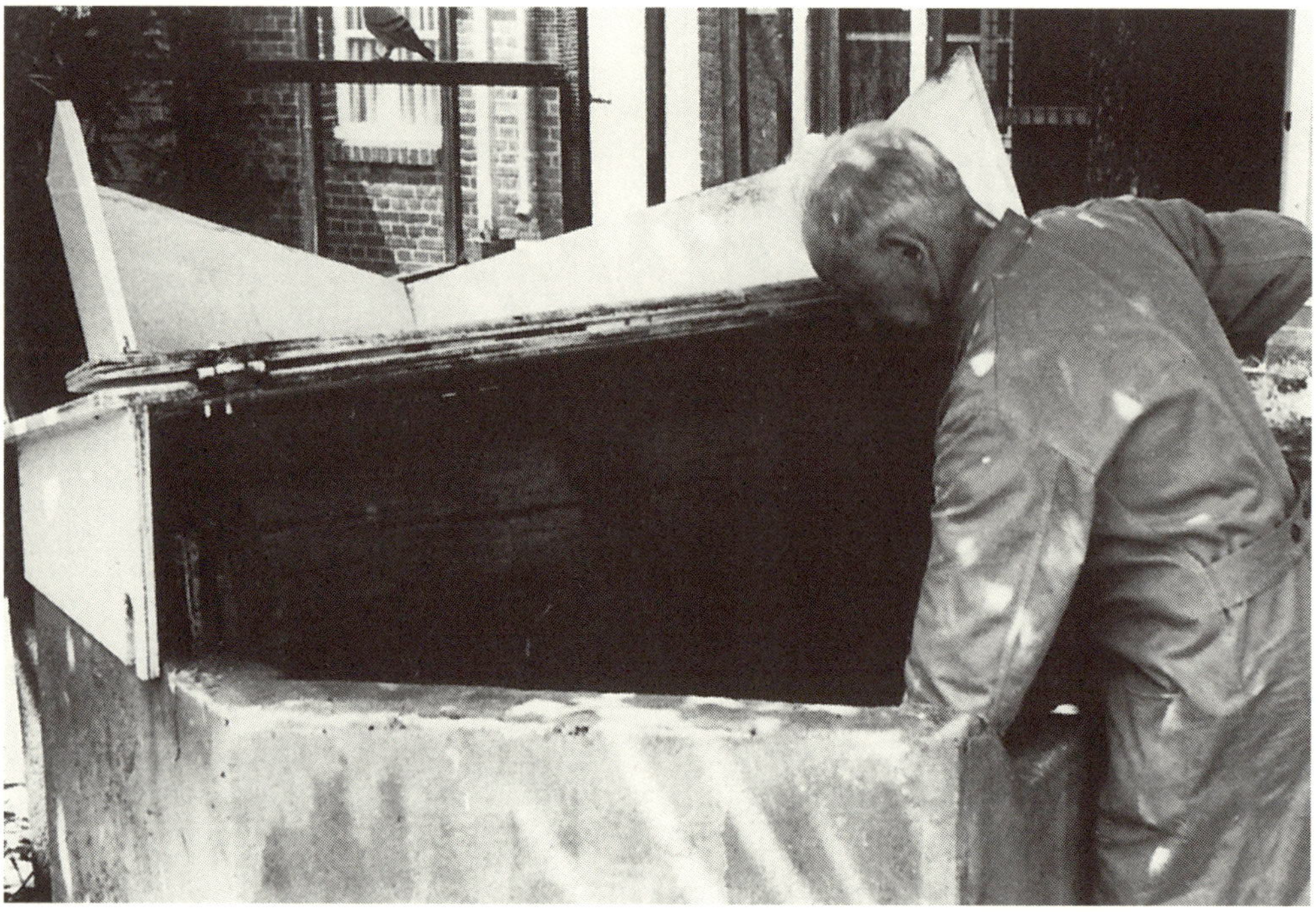

裏庭にある井戸から水を汲むシャレル。「鳩には最高に良い水なんだ」と彼は言う。

「うーん、これは本当に美味しい水だ！」。後方には運動場が見える。

彼は、今でも毎日散歩をしているが、自分が担当している仕事でも歩かなければならいことが多かった。彼の担当は、鳩を籠詰めして持ち寄りに出かけたり、審査に時計を持って行ったりする他、8~9月になると大きなナイフと古臭いズタ袋を持った彼の姿が畦道とか野原で見かけられた。その袋の中には何やら秘密めいた物が入っていた。

ジェフは、薬草を集めているのであった。

『これさえあれば、口囲潰瘍の心配はないよ』

親しい友達には彼らは言っていた。ヤンセン兄弟が、鳩にトウモロコシと水以外の物を与えるとしたら、それは決まって自然の産物であった。これが、その昔父ヘンリーの行っていたやり方であり、1983年現在では、彼の息子達が行っていることでもあった。水さえも、より自然に近い物でなければならないと考えられていた。自分は普通の餌と水道の水以外何もやっていないと主張する強豪鳩舎がいたとしても、ヤンセン兄弟にとってはその水道の水は自然というには充分ではなかったのである。

シャレルは、新鮮な水を洋ナシの木の下の古井戸から毎日汲み上げる。そして、時々それに軽く石灰が加えられるのである。

『水道の水よりずっとこの方が良い』そうシャレルは主張する。実際に飲んでみるとそれが美味しいことを認めざる得ないのである。

ルイは、いつもベンチに腰掛けている。彼の両足は体の下に隠れてしまっている。訪問客があると、彼は疑り深い目で眺めては、うんざりとした表情を見せるのだ。また別な人間が訪ねて来たのか？　それとも取材に来た人間？　……或いは、たまたま近所の物好きな人が、ヤンセン兄弟のご機嫌伺いに、ちょっと立ち寄っただけかもしれない。

シャレルは、初対面の人とは余り口をきかない。彼はレースとか天候の話題を好むのだが、彼とはまず打ち解けあうことが必要である。それでも、シャレルは最初に話し出す人間には決してならなかった。

その代りを務めるのがルイであった。彼は、前

小さな白い門をくぐってから家に沿って歩いていくと、家の裏側に出る。

置きなど抜きで、訪問客に目的を尋ねた。彼には、わざと偉そうにして、相手につっけんどんな印象を与えるにはそれなりの理由があった。余りにも多くの人間が、ただ友達や知り合いに、自分はヤンセン鳩舎を訪問したのだと自慢したいだけで訪ねて来るからである。そして、それに写真が伴えば、なおさら良いのである。

ヤンセンの流儀

何時しか、このスコール通りの『普通の家』は、巡礼者にとっての聖地と化していった。外国からの訪問者、特に中国人、日本人、それにアメリカ人達は、彼らがヨーロッパ旅行をする際、例外無くアーレンドンクに寄ることを、旅行スケジュールに入れる。しかし、ヤンセン兄弟はこういったことをあまり歓迎してはいない。観光ならば他でやっていただきたいというのが彼らの本心である。

更に言えば、ヤンセン兄弟には友人が充分するほどにいる。それに彼らは、他のスポーツのスター達と違って、人間性とか真心といったものを知っているのである。

友人とは長くその関係が続くものであり、彼らはいつでも歓迎する。ヤンセン兄弟からずっと嫌われるには、彼らに1回嘘をつくだけで充分である。逆に友人でいるかぎり、スコール通りのこの家で直ぐにくつろぐことが出来るのである。

ヤンセン兄弟は、友人が来ている時であっても、決して自分達の生活リズムを変えようとはしない。この地方の人々の古い習慣では、1日に4回食事をする。例え国王が訪ねようと、その時間が来れば食事を始めるのだ。親しい友人であれば、アポも取らずに来ても構わないのだが、帰るタイミングはちゃんと心得ているのである。夜10時が寝る時間である。翌朝は、何をおいても鳩の世話をしなくてはならないため、その時間になれば、誰がいようとも数分たりとも起きていることは決してないのである。

また、友人であれば、歓迎されない時間帯というものがあるのも知っている。それは日曜の朝、

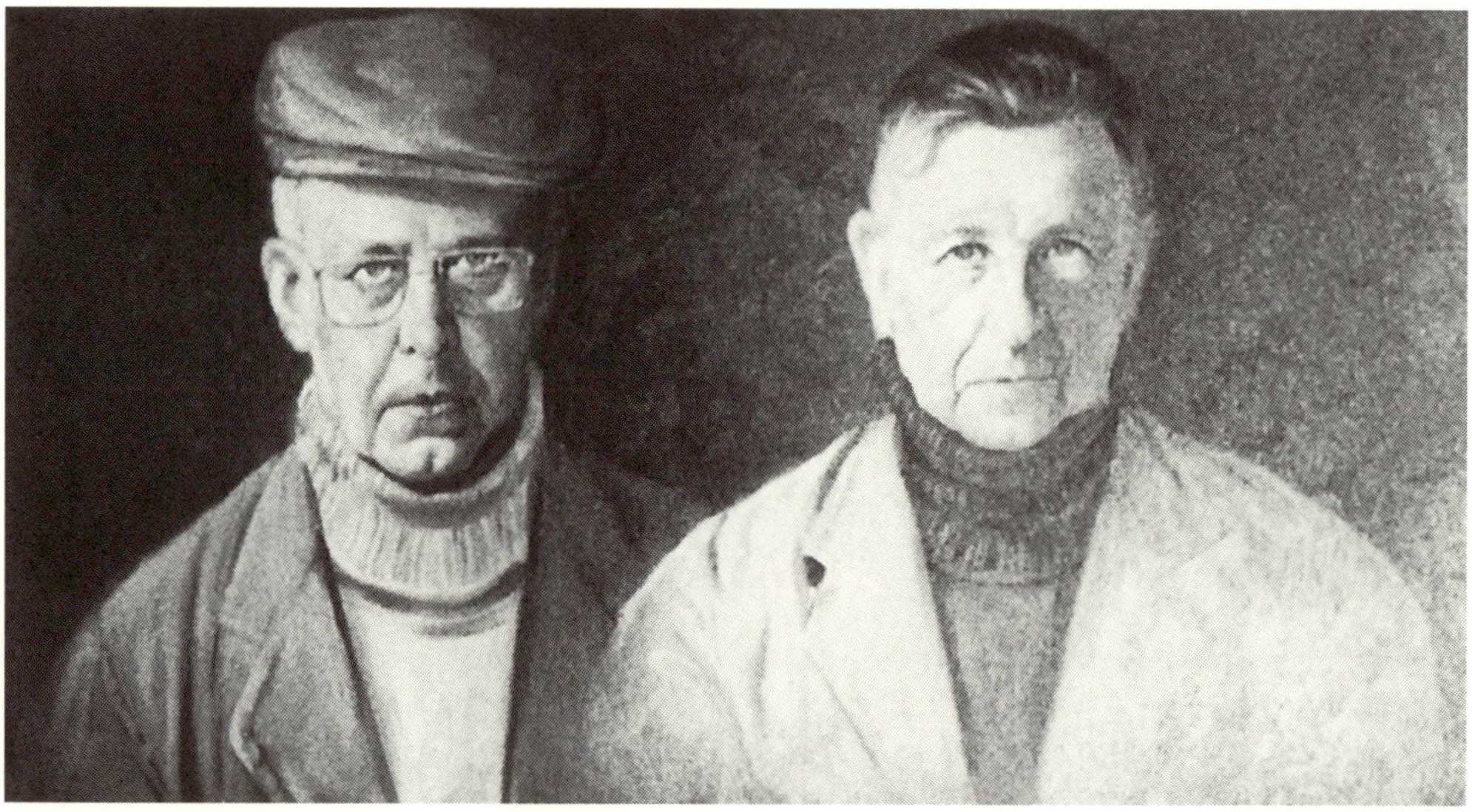

台湾人によって描かれたアドリアーンとルイの肖像画。ヤンセン家の居間に飾られている。

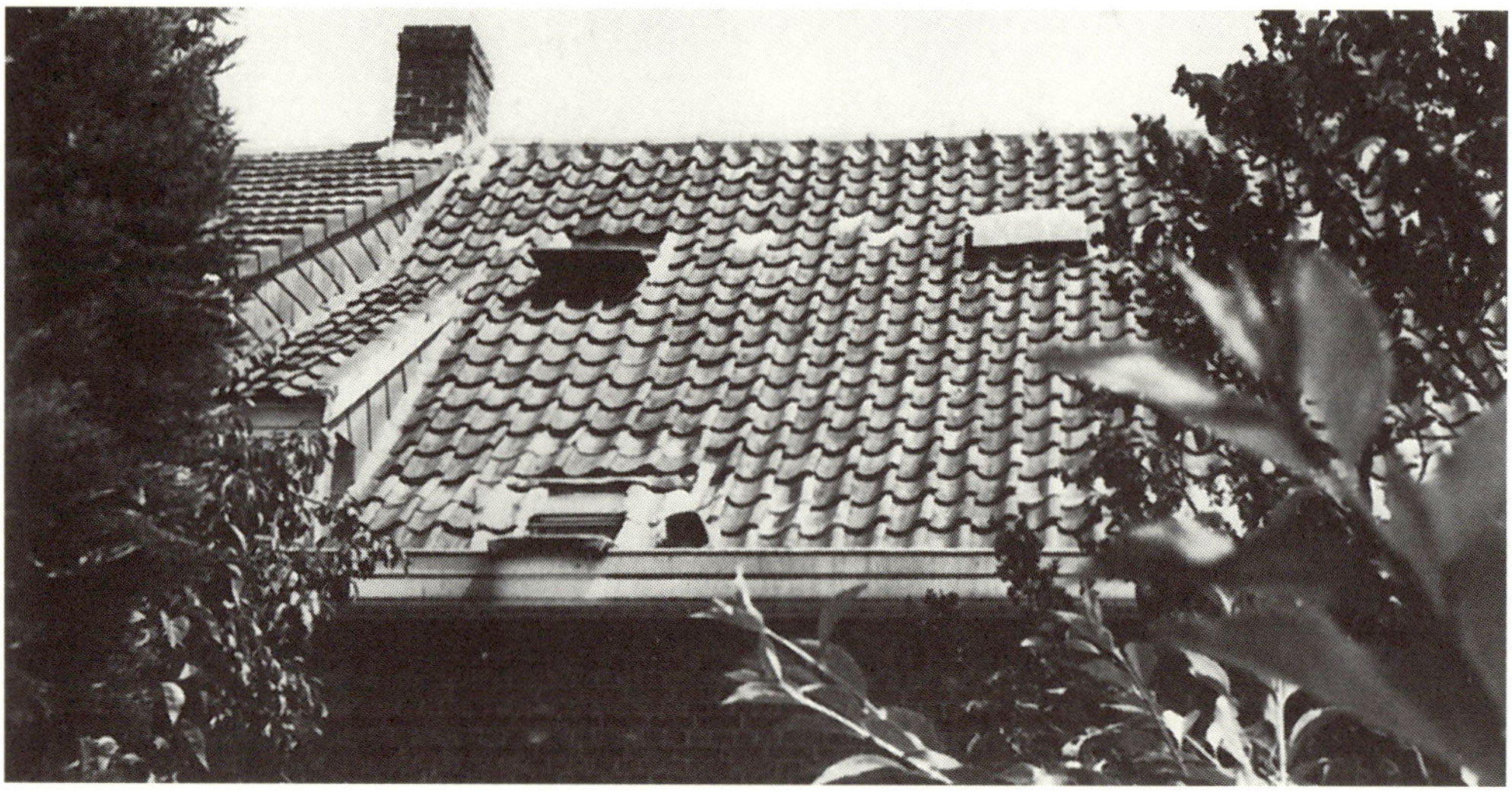

シンプルで古い鳩舎。ここには、世界で最も偉大な鳩達がいると思われるものは、どこにも見当たらない。

鳩がレースから帰ってくる時である。1983年の今日でさえ、過去に輝かしい栄光に包まれたこの人々にとっても、レースで勝つことが最上の喜びである。まるで子供のように喜んだり、神経質になったりしながら、彼らは毎週日曜日には鳩の帰りを待つのである。彼らにとってレースがいつも一番大事であることは今も昔も変わっていない。

彼らと一度打ち解け合えると、コップ無しの瓶ビールが出てくる。2度目の訪問でこの瓶ビールを出された人もいる。その他の人々の為にルイが、地下の酒蔵へ降りて行くようなことは決してない。ただし、その人数はまことに少ないが…。

まさにピジョン・ライフ！

飾り棚の上には、印象的な風貌を持つ1枚の人物の写真が掛けられている。この写真の人物こそが彼らの亡き父ヘンリーであり、この地方の言葉で〝ドリークスケ〟と呼ばれた人である。

壁にはヤンセン兄弟の母親の写真も掛かっている。その顔には優しさが溢れている。ほとんどの兄弟と同様に、生涯独身で通した姉妹の1人イルマの写真もある。彼女は兄弟から慕われていた。彼女は、死ぬまで兄弟達に対して、まるで母親が自分の子供達にするように世話を焼いたのである。

他の部屋には、ルイとアドリアーンの大きな肖像画が掛かっている。それは台湾の人が描いた物で、何かのお礼のつもりか、或いはそれでヤンセン・ピジョンの卵でも貰おうとしていたのかもしれない。

その他、この部屋の中には、僅かばかりのトロフィーが飾られているだけで、この家の住人が鳩レースに携わる人々だと、かろうじで分かるくらいで、それ以外は50年前に見られた風景と全く変わっていないであろう。唯一テレビだけが、20世紀の後半に差し掛かっていることを物語っている。テレビに関して言えば、ヤンセン兄弟がひとつだけ楽しみに観ているものがある。ベルギーの他の国民的スポーツとも言うべき自転車レースである。

しかし、それを除いては、彼らの生活の中にある物といえば唯一鳩レースである。それは、50年前も1983年現在も変わっていない。この『普通の家』で、鳩以外の普通の事を話すような人は見向きもされないのである。毎日朝から晩まで、来る日も来る日も、鳩のことについて話されるということ以外に、ここが一世紀にわたって世界に名を馳せた鳩舎だと分かるようなことはほとんどない。

他の多くの有名鳩舎に見られるような、巨大な鳩舎があるわけでもなく、選手鳩の大群が鳩舎の周りを旋回しつづけているわけでもなく、それに入り切れないほどのトロフィーの飾り棚があるわけでもない。旧式の出舎口が屋根の上にあるのと、洋ナシの木の後ろに入舎口が見えることから、かろうじて鳩舎だと分かる。それも、よほど注意深い人でないと分からないくらいだ。鳩舎の屋根は、旧式のボーム屋根瓦（ボーム村で知られるガッチリ重ねられた様式の瓦）である。

ヤンセン一家とよほど親しくなるか、或いは財布に余裕があることを、彼らに分かってもらわなければ、この鳩舎に上がることは出来ない。この鳩舎は、まるで10代の初心者が初めて鳩を飼う時に建てるようなシンプルな造りの鳩舎である。古い屋根瓦のところにはクモの巣が張り、巣箱は25年位は経っているであろう。一番安い材料ばかりで建てられた鳩舎である。とにかく想像もつかないほどにシンプルな造りだ。よほど注意深い人間であれば、屋根瓦の下に這わされた針金で、自分が居る所が特別の場所なんだと気がつくかもしれない。それは盗難防止システムのケーブルである。

この鳩舎には、世界中の愛鳩家が熱望する鳩群がいた。彼らの祖先は、鳩界に革命を起こした鳩たちである。即ち、彼らはその比類ない鳩質で、鳩レースを一変させるほどであった。

ヘンリー・ヤンセンと彼の息子達ほど、レースを独占することに成功し、鳩界史に多大な影響力を及ぼした例は他にない。

ユランは、近代レース鳩の創始者と見なされているが、ヤンセン兄弟は、それを更に格上げした人物と言えよう。ヘンリー・ヤンセンを始めとし、

ユラン＝Ulenns

フォンス、シャレル、ルイ、アドリアーン、フランス、ジェフ、それにヴィックについては、それこそ世界中の愛鳩家の間で永遠に語り継がれていくに違いない。その小さな村、アーレンドンクの名を世界中に知れわたらした、この素朴な人々として。

ヘレントアウトのスクーテルス

3本の柱

　ヤンセン・ピジョンの比類なき素晴らしさ、そしてその本質については、多くの人々によって語られ、書物としても書かれてきた。このヤンセン・ピジョンの優秀性は、その系統の源にある自然の健康さから来るものなのだろうか、或いは優れたレース鳩の種を創り出したヘンリー・ヤンセンと彼の息子達の作出能力によるものなのであろうか。それとも、たまたま運良く素晴らしい鳩を最初に手に入れることが出来たというだけのことであろうか。

　実際にそれを確かめることは難しい。何十年もの間に、異なるこれらの要素が、全て違った形で鳩の改良に関わっていると考えられる。いずれにせよヤンセン系の基礎は4本の柱の上に成り立っているのである。或いは3系統かもしれない。

　ハーフ・ファブリー（1／2がファブリー系の鳩）の導入は1960年からだからである。この時点では、ヤンセン兄弟の名声は既に確立されていた。そしてこの一級とされる種鳩は、1／2ファブリーであると同時に1／2ヤンセンでもあったのである。

　即ち、ヤンセン・ピジョンが確立される迄には、3種類の血統だけが残ったことになる。第一に、父ドリークスケ（ヘンリー）が持っていた古くか

ハーフ・ファブリー＝Halve Fabry

1919年、ヘンリー・ヤンセンは素晴らしいチャンピオンであった。その名誉を示すものが鳩舎の側の屋根裏にある。

らの血統である。ドリークスケは、既に第一次世界大戦前にはそれらの鳩を周辺の地域から入手していたのである。しかし、彼は非常に用心深い人間で、鳩を入手する際には、最高の鳩だけを選んだ。それは、彼の眼がねに適った型、成績、それに健康度を備えた鳩だけが選ばれたのである。

ドリークスケは、異血交配と同時に近親交配も行った。その結果、20世紀に入った時には、他に断然優る鳩群を飼っていたのである。そして更に、ベルラールに住むキューレマンスの鳩と、決して消えることのない刻印を押すこととなったヘレントアウトのスクーテルスの鳩が加わることになる。

1919年と1926年の2度にわたるキューレマンスの鳩との交配、その15年後のスクーテルスの鳩との交配は、いずれもヤンセン・ピジョンを更に改良することとなった。現在のヤンセン・ピジョンの基礎となったこれら3本の柱は、各々が異なる特徴をヤンセン・ピジョンにもたらす。

まずピンク色の目縁は、ヘンリー・ヤンセンの古い血統から出た特徴であること。栗やミーリーといった羽色は、キューレマンスの鳩から来ている。そしてスレート（ペンシル）は、スクーテルスの鳩から来ているのである。

1983年現在、ヤンセン鳩舎には、まだ栗の鳩もスレートの鳩もいる。しかし、その数は非常に少ない。長い間に、ヤンセン・ピジョンにこのような特徴がレッテルとして貼られ、必然的に西ヨーロッパ中のバイヤーが挙ってスレートや栗の鳩を欲しがったのである。実際に、栗は1919年と1926年に導入した2羽のキューレマンスの鳩からのみ出ている。そしてスレート（ペンシル）の鳩のほとんどは、1932年生まれの有名なスカーリー・ブラウヴェ（スレーティ・ブルー又はペンシル・ブルー）の直系なのである。この鳩については、後に詳しく紹介する。

ピンク、又は赤い目縁の鳩は、現在のヤンセン鳩舎で見ることはできない。60年代、70年代には、ピンクや赤い目縁の鳩は、まさにヤンセン・ピジョンの特徴であった。これらの特徴が、ヤンセン鳩舎でほとんど見られなくなっているという事実

キューレマンス＝Ceulemans
ヘレントアウト＝Herenthout
スクーテルス＝Schoeters
スカーリーブラウヴェ・ファン32＝Schalieblauwe van 1932

は、鳩質とはあまり関係ない。ただ単に、無意識の内に作出し尽くされてしまっただけである。ピンクや赤の目縁が、劣性や血統の退化を意味しているのでないことは確かである。また、父ドリークスケの古い系統が、能力的に劣っていたなどと結論付けるのもとんでもないことである。

裕福なスクーテルス

スクーテルスは、ヘレントアウトでビール製造業を営んでおり、裕福であった。しかし、他の金持ちと同様に、金を儲けることばかりを考えていた。だから、彼が鳩レースを趣味として考えていたのか、それとも金儲けの手段として考えていたのか、判断に苦しむところである。

スクーテルス

彼は多額の金を儲けるのが大好きであったが、鳩で儲けるのはそんなに容易なことではなかった。彼がレースで圧倒的に強いことは否定出来なかったし、非常に利口であること事実である。スクーテルスは、自分に欠けているものを知っていた。だからこそ、彼が鳩を購入するに時には、カス・ゴッセンスからアドバイスを受けるようにしていたのである。カス・ゴッセンスは、スクーテルスの親友で、スクーテルスが望むものなら何でも手に入れることが出来た唯一の人物とも言われている。ゴッセンスは、この道のエキスパートである。当時の鳩界の情報通で、どこかに良い鳩がいるのが分かるとすぐに、スクーテルスにその鳩を手に入れるようアドバイスしたのである。

スクーテルスの最初に手に入れた鳩は、彼の父

カス・ゴッセンス＝Cas Goossens

ベノアから継承したものである。ベノア・スクーテルスは、1875年には既に強豪鳩舎となっていた。彼は、伝説的に有名なウェッヘの鳩をリールのホーホフェルトに住むミラー鳩舎から導入していた。このウェッヘの鳩こそが、ベルギーのレース鳩の源に最も近い鳩なのである。

その他にスクーテルスが導入していたとされるのは、ヴェスペラールで鍛治屋を営んでいた、スヴィッヘルスの鳩である。この人物もまた、近代レース鳩の発展の為に重要な役割を果たしている。スヴィッヘルスは、ウェッヘの鳩とグローテルスの鳩を飼っていたようである。しかし、グローテルスの鳩には部分的にウェッヘが入っている。

こうして辿っていくと、ヤンセン・ピジョンは、スクーテルスの血が入ることによって、今日のレース鳩の基礎を築いたとされるユランやウェッヘの鳩とかなり近い関係にあることが分かる。特にユランの鳩についてはそう言える。ユランの血が入っていないレース鳩など1羽も存在しない、と言った人物がいる。恐らくそれは真実であろう。

同時に、ウェッヘはユランよりも評価が高いというのも事実である。19世紀から20世紀に変わる頃の何十年間、ウェッヘの名はよく人々の会話に登場した。それは、第一次世界大戦とほぼ同じ時期にあたり、ベルギーのトップクラスの鳩舎のほとんどがウェッヘ系を持っていた時期でもある。だから、当時の一流鳩舎が、自分達の鳩にウェッヘの血が入っていなければ、鳩を売ることが出来なかったのである。

ファン・デル・エスプト、彼の師匠テオ・ファン・デ・フェルデ、それにジョリモンのDr．ブリクーやルクセンブルグのヘントゲスといった名人とまで言われたレースマンでさえもがウェッヘの鳩を手に入れるべきであると主張していた。このような愛鳩家の深層心理からするならば、同じような現象が半世紀後の今日、やはりヤンセン・ピジョンに起こっていてもおかしくないのである。

何百という鳩舎が、ヤンセン兄弟の名声の恩恵を受けているが、実際の数は発表されている何倍にも上る。1983年の今日、ヤンセン・ピジョ

カレル・ウェッヘ＝Karel Wegge
グローテルス＝Grooters
ファンデル・エスプト＝Van der Espt
テオ・ファンデ・フェルデ＝Theo van de Velde

ンを飼っていない鳩舎などあるだろうか？　売り鳩にヤンセンの血が入っているというだけで、その売り上げは倍増するのである。

ウェッへとヤンセンの違い

しかしながら、ヤンセンとウェッへの間には大きな違いがあった。ヤンセンについて言えば、ヤンセン自身が固有の〝系統〟を創り出したことに頷けるが、ウェッへにそれは当てはまらない。

ウェッへは、彼独自の系統は持っておらず、又独自の系統を作出しようという意図も持っていなかった、と古い資料には記されている。しかし、当時の鳩の売買には〝ウェッへ系〟と言った方が聞こえが良いし、その方がよく売れたのである。1890年8月30日と1897年1月10日にブリュッセルで行われたオークション・リストを見れば、よく分かるはずである。

カレル・ウェッへが最初に導入したのは、アントワープの薬剤師スケヴェイクの鳩であった。後に、ユランの鳩とアントワープの動物園で園長をしていたフェーケマンスの鳩が加わってきた。フェーケマンスは、やはりユランの鳩を飼っていたが、同時に純ギッツ系の鳩も飼っていた。

ウェッへのオークション・リストの14番と20番の鳩は、ギッツから来た鳩であった。また39番の鳩は、ウェッへがアントワープのペイネン氏から、60ベルギーフランで購入した栗の雌鳩であった。40番の鳩は、クロイベークのピロッテ鳩舎から来た雄鳩である。

こうして見ると、ウェッへの鳩が繰り返し割って出来た鳩であることは言うまでもない。だからヤンセン・ピジョンと比較は無意味なのである。ウェッへの鳩を導入し、それをまた他の系統と交配して成功をしているということをよく考えれば、遠い昔から言われる〝系統〟という言葉に間違いがあったことがわかる。1983年現在の鳩オークション・リストや宣伝広告に関してのコメントは差し控えることにしよう。

昨今、インブラヒット、グロンドラース、ファ

インブラヒット＝Imbrechts
ヤン・グロンドラース＝Jan Grondelaers
ファン・ヴァンローイ＝Van Wanroy
ファンデ・ウェーゲン＝van de Wegen

ン・ヴァンローイ、ファン・デ・ウェーゲンといった鳩が頻繁に登場しているが、これらを〝系統〟で括るのは全くナンセンスである。彼らにおいても、違う鳩同士の交配で成功してチャンピオンが誕生しているのである。彼ら自身でさえそれを決して否定はしない。愚かにも、この〝系統〟に邁進して失敗する愛鳩家は少なくない。

実際、〝系統〟という言葉は鳩レースの世界から抹消されるべき言葉であるが、カナリアの飼育者としても知られたヘンリー・ヤンセンと、鳩レースを趣味とした彼の息子達だけは消え去ることは決してない。もし、〝系統〟という資格を得ることが出来る鳩を飼っている愛鳩家を挙げるならば、それはアーレンドンクのヤンセンしかいないのである。

ウェッヘの2度にわたるオークションは、いずれも完売のような印象を持たれているが、実際はそうではなかった。つまりこの点でも、これまでの約100年というものほとんど何も変わっていないのである。

1897年に行われたウェッヘのオークションでは、売り上げ総額が7890ベルギー・フランに達した。1983年現在の貨幣価値に換算すると、実に30万ダッチ・ギルダー（約550万ベルギー・フラン）に達するのである。なるほど、良い鳩は高値が付くのだろうか。しかし、その中にウェッヘ系などいない。当時のオークション・リストから、ウェッヘ系の鳩を見つけることなど至難の業である。特に外国などで自分の持っている鳩はウェッヘ系であると自慢している人が今なおいるということは、想像もつかなければ、全く理解もできない。

しかし、ウェッヘが並外れた素晴らしい鳩を飼っていたことは恐らく事実であろう。そして、ウェッヘの鳩を導入することによって、多くの愛鳩家が鳩の改良に成功していることも事実である。

スクーテルスが手にしたもの

スクーテルスの父ビノアもそのような愛鳩家の

1人であった。息子のヨセフは、父親の選んだこの筋にヘレントアウト近くのノールデルヴィークに住んでいた、ド・キュラール氏の鳩の掛け合わせた。ド・キュラール氏は、当時よく話題になっていた濃胡麻の雄鳩を飼っていた。毎週毎週、信じられないほど成績でセンセーションを巻き起こしていた鳩である。

　スクーテルスは、彼からその濃胡麻の雄鳩の娘を購入したのである。その後、時は1928年、この黒胡麻の雄鳩自身が何週間かスクーテルスの鳩舎で種鳩として使われ、1腹の卵を残した。その鳩は、スクーテルスが既に持っていた鳩との相性が非常良かったのか、直系に素晴らしい成果が表れた。当時、彼が最大の名声を得ることが出来たのも、彼が〝ボルドー・ダィフィン〟と呼ぶ雌鳩のお蔭である。この雌鳩は、ガロンヌ河畔の町ボルドーからのレースで、2位を2時間も引き離して優勝した。

　名声は、偶然の出来事によって永遠に不滅になったり忘れ去られてしまったりする。その良い例がボルドー・ダィフィンの血統であり、この鳩の両親こそがヤンセン・ピジョンの形成に決定的な役割を果たしていたのである。

　ボルドー・ダィフィンの父親は、ヘレントアウトの家禽屋が処分鳩の籠に入れてあったのをたまたまスクーテルスが見つけ、確実に死ぬ運命にあったこの鳩の命を数フランで救ったのである。スクーテルスは、鳩を手に入れる以上、当然期待を抱いていた。そして、その雄鳩を彼の最高の雌鳩に交配したのである。この交配は当たった。

　1927年、このペアから3羽の傑出した雌鳩が作出されたのである。その中の1羽が〝ボルドー・ダィフィン〟であった。翌年には、ボルドー・ダィフィン以外の1羽が、ド・キュラールの雄鳩に交配された。そして、このペアからスクーテルスの伝説的銘鳩〝アープ〟が誕生したのである。スクーテルスは、40羽以上の鳩を飼ったことがなかったが、それでも成績表のトップから外れることがなかった。こうしたことが、アーレンドンクのフォンス・ヤンセン、即ちヘンリーの息子の注

ド・キュラール＝De Ceulaer
ボルドー・ダィフィン＝Bordeaux Duivin
アープ＝Den Aap

目を呼び起こしたのである。

しかし、ここではっきりさせておかなければならないことがある。これまで伝えられた情報を否定することになるが、あの〝スカーリー・ブラウヴェ〟は、スクーテルスから来た鳩ではない。有名な〝アープ〟の直子であるということ以外、真実ではない。アーレンドンクのヤンセン鳩舎で重要な役割を果たした〝スカーリー・ブラウヴェ〟が、彼らの最初で唯一スクーテルスから手に入れた鳩であるというのも誤りである。

ヤンセンは、スクーテルスから何羽かの鳩の導入し、その中には〝アープ〟の娘もいたが、同じスクーテルス系だからと言っても、それは32年生まれの〝スカーリー・ブラウヴェ〟ではない。

ヘンリーの一番上の息子フォンスが、税務官史であったことと、スクーテルスがビール工場の経営者であったことを考えると、フォンスがスクーテルスを訪問したり、彼のレース結果に強く印象づけられたのも、全て彼の監督官としての権限から可能だったことである。

淘汰の亡者

当時、スクーテルスは、伝説的銘鳩〝アープ〟の他にも、相当な数の優秀な鳩を持っていたはずである。彼が最も活躍したシーズンには、何と延べ239羽の参加で、185羽もが入賞を果たしたのである。

実際、1年間で延べ239羽の参加というのは決して多くはない。しかし、彼は勝てる鳩のみを厳選（ダメな鳩は淘汰する）し、またレース参加においては細心の注意を払っていた。スクーテルスもまた、好んで雌鳩でレース参加させていた。それは、ヤンセン兄弟との共通点である。

スクーテルスと彼の友人ゴッセンスは共に、巣箱内での淘汰がその鳩舎の将来の強さと価値を決定づける最も重要なことであると考えていた。巣箱の中の若鳩は、決して衰えを見せてはならない。さもなくば、ためらう事なく淘汰の対象となった。そして、他のもっと優れた鳩を買えるだけの金を、

Ophefmakende verkooping van 28 allerbeste

Reis- & Kweekduiven

van de Heeren J. Schoeters en Cas. Goossens

TE HERENTHOUT

Notaris van Schoubroeck, te Herenthout, zal, openbaar verkoopen, op Zondag 13 December, om 2 uur namiddag :

14 allerbeste Reis- en Kweekduiven van de beroemde verzameling van Jos. Schoeters, Herenthout :

Het is algemeen gekend wat de duiven van Schoeters de laatste jaren gevlogen hebben van 1930 tot 1936 behaalde hij zoo maar 41 eerste prijzen van alle drachten zoowel van Bordeaux als Quievrain, met oude duiven werd hem dit jaar op verschillende plaatsen het spel beperkt;die beperking is het schoonste reklaam voor zijn gevreesd ras en wie zijn ras bezit kent er de waarde van dit bewijzen de schoonste uitslagen behaald door Mr. Jos. De Kepper,Deurne algemeen kampioen van de Zuider- en Quiévrain bond Deurne, met 7 kampioenschappen, die uitsluitend zijn ras bezit. Door Henri Janssens Arendonck de geveesde kampioen van gansch den omtrek. Door Cas. Goossens Herenthout enz. enz.

1936年に行われたスクーテルスとゴッセンスの共同オークションの広告。1930年から1936年の間に、キェブランとボルドーからのレースにおいて、スクーテルスは14回優勝している。ヨス・ド・ケーパーは、彼らの鳩でゼネラルCHを獲得している他、多くの鳩舎でその優秀さが証明されていた。

1936年12月13日、午前2時より、ヘレントアウトのノタリス・ファン・スコーブローク会場にて、各々14羽ずつがオークションに掛けられた。

ヤンセン兄弟は、オークション番号9番と13番を競り落とした。

Namens Cas. Goossens : 14 allerbeste duiven voor den Kweek en Prijsvlucht :

Het is algemeen geweten dat deze duiven afstammen van het gekend ras Schoeters Herenthout. Deze herkomst alsmede de bereikte uitslagen leveren een voldoende bewijs van de degelijkheid van het ras. Neem vooral nota van de uitslagen van dit jaar.

DUIVINNEN :

9] De Groote Geschelpte Ring Nr. 648742—1931 allerbeste kweekduif heeft vele kampioenduiven gegeven zelfs dit jaar. Is ook de moeder van nr 2, sinds 1933 niet gedragen behouden voor den kweek.

13] De Prinses geschelpte Ring Nr. 6220882—1935 zeer goed gevlogen als jonge duif dit jaar weinig gedragen, is de moeder van mijn schoonste en mijn beste jonge duif die behouden blijft.

Nr. 14 6563549-32. Geschelpte duivin van Cas. Goossens, die in Arendonck het beroemde hok vormde van Drikske Janssens en bij mij als kweekduif ongeëvenaarde uitslagen presteerde.

De duiven mogen gewend gemaakt worden tot einde April. Zoo er nochtans na dien tijd een duif terugkwam zal er gezorgd worden dat de duif op haar bestemming komt.

Drukkerij Achiel BULCKENS, Herenthout. — Telefoon Bouwel 88

この日のオークションでは、ゴッセンスもスクーテルスの系統の鳩を14羽売りに出している。このうちヤンセン兄弟が購入したのは、9番のド・グローテ・ヘスケルプテ、13番のド・プリンセス、14番のB32－6563549の3羽であった。このうちNo.9は最高の種鳩として多くのチャンピオンを輩出しており、オークション番号2番の母親でもあった鳩である。13番の鳩は、若鳩で大変素晴らしい成績を残し、ゴッセンス鳩舎の最高の若鳩の母親であった。オークション番号14番について、カス・ゴッセンスは、『ヤンセン鳩舎の基礎となった鳩』と記している。

スクーテルスは有り余るほど持っていたのである。スクーテルスは、若鳩達が初めて舎外に出る頃に、第二回目の大変に重要な淘汰を行った。

『あまり怠け癖が付いていたり、長い間屋根の上に止まって飛ぶことを嫌う鳩は、すぐにフライパン行きだよ！』。スクーテルスは、よくそんなことを言っていた。

彼の目覚しい活躍は、自ずとベルギー中の愛鳩家の注目を浴びた。アントワープ近郊のデュルネに住んでいた治安判事で、素晴らしいチャンピオンとしても知られるド・ケッペルは、スクーテルスの鳩以外は一切飼っていなかった時期があったほどである。そして世界大戦直後、ド・ケッペルがヤンセン（特にフォンス。この事は、１９４６年の手紙によって立証されている）から鳩を購入し始めたことから、唯一結論として言えることは、彼にとっては、ヤンセン・ピジョンだけが、存在する中で最高の鳩だったということである。

１９３６年12月13日に行われたスクーテルスのオークション・リストを見ると、少羽数でレースに参加していたにもかかわらず、５年間で延べ41回優勝しているとの記述がある。

強すぎるが故に…

彼が優勝したのは、キエブレとボルドーからのレースであったが、それは大きなハンディを背負って得たものであった。彼は常にレースを独占してしまっていたので、2～3羽しかレース参加を認められておらず、しかも賭金も制限されていたのである。

このオークションは、彼の友人ゴッセンスの鳩と一緒に行われた。それぞれが14羽を売りに出し、その時シャレル・ヤンセンがオークション会場に来ていた。彼は、オークション番号9番と13番の鳩を競り落としている。9番は31－６４８７４２で、この雌は既に大変素晴らしい子孫を輩出し、実績のある最高の種鳩だとオークション・リストに記されている。一方の13番は、〝プリンセス〟35－６２２０８８２で、スクーテルスの最も優れ

ド・ケッペル＝De Kepper
キエブレ＝Quivrain

た若鳩の母親であった。

当時、多くの記者がスクーテルスの所に取材に来た事は言うまでもない。そして当然のことながら、彼のこの素晴らしい成績の秘密が何であるのかを聞かされて驚くのである。記者達は皆同じ答えを聞かされた。

『私の秘密は、最高の友人に私の最高の鳩の直子をプレゼントすることです。そうすれば、いつかまたその最高の鳩の直子が私の鳩舎に戻って来るのです』

スクーテルスは、自分では広々とした豪華な鳩舎を構えていた。しかし、第一次世界大戦以前も、度重なるレース参加制限が原因で、多くの鳩を売らなければならなかった。思うようにレースに参加出来ない以上、多くの鳩を飼っていても意味がなかったのである。世界大戦前、飼育鳩の3／4を手放さなければならなかった。そして、戦争の最中、残っていた鳩の数も更に減少した。ドイツ軍の攻撃下で、銘鳩〝アープ〟でさえもが空襲で死んでいった。大戦下を生き延びたのは、ほんの一握りの鳩でしかなかった。

1945年以降、スクーテルスには、大戦以前のようにレースを独占する力はなかった。スクーテルスと同じ村に住み、同じように裕福で、そしてライバルであったルネ・マース、ドイルネに住んでいたド・ケッペル、そしてアーレンドンクのヤンセン兄弟といった愛鳩家たちは皆、スクーテルスの鳩で勝利の美酒を味わってきた。

スクーテルスがもたらしたもの

当時の新聞の論評では、アーレンドンクのヤンセンが、まずスクーテルスの鳩で最も成功を収めた鳩舎であろう、となっている。

『誰も、絶対に誰も、アーレンドンクのヤンセンのような、無茶苦茶な成績を出した鳩舎は、これまでにない』

戦前に書かれた記事である。

スクーテルスは、彼の父の鳩とド・キュラールの鳩の子孫でレースし、素晴らしい成績を収めた。

ルネ・マース＝Rene Maes

1930年代にこのような素晴らしい鳩舎を建てていたことから、スクーテルスが裕福な愛鳩家であったことが分かる。写真は1934年のもの。

彼が唯一競争相手として認めていたのは、マースだけであった。彼は、スクーテルスが鳩を交換していた相手である。

当時のヘレントアウトは、ベルギーの鳩レース発生の地であった。有名なツールニールが、彼の系統の基礎となった鳩をルネ・マースから購入しており、その鳩のお蔭で彼の名声が世界的に広まったことはよく知られている。ツールニールが、ルネ・マースの生前に彼の鳩を導入しなかったのには、何か訳があるはずである。

ツールニールは、第二次世界大戦の直後に、アーレンドンクのヤンセンと、またベールゼに住んでいたフォンス・ヤンセンから鳩を導入している。彼自身もこの事は否定していない。ツールニールは、特にオランダでその名を広めた男であった。ファン・デン・ホーク、ポストマ、ペパーマン、それにブラークハイスといった人々でさえもが、直接或いは間接的にツールニールのお蔭を被って名声を得ているのである。

注目すべきことは、ベルギーのリンブルフ州の著名愛鳩家ヤン・グロンドラースもツールニールと同じように、メルクスプラスの肉屋ホフケンスの鳩を導入したことで、彼の鳩質を大幅に改善することに成功したのである。メルクスプラスは、フォンス・ヤンセンが晩年を過ごしたベールセから、数キロしか離れていない所にある。そして、グスト・ホフケンスは、彼の有名の鳩の先祖を、フォンス・ヤンセンから導入していた。

ホフケンスの鳩質は、一部の愛鳩家には最高の鳩であるとの高い評価を受けていたが、それでも長い間低く評価され続けてきた。実は、ヤンセン系の特徴を備えた彼の鳩に対する人気は、グスト・ホフケンスの死後に高まったのである。彼の死後、全鳩処分のオークションが行われ、驚くほどの高値が付いた。これらの鳩がいかに人気があったかは、このオークション直前の出来事が物語っている。

ホフケンスの鳩舎は、昼夜関係なしに防犯警報装置と警察官によって守られていた。それでも、多くの鳩が盗まれたのである。原因はこの異常な

ツールニール＝Tournier
ポストマ＝Postma
ブラークハイス＝Braakhuis
ファン・デン・ホーク＝Van den Hoek
ペパーマン＝Pepermans
グスト・ホフケンス＝Gust Hofkens

人気による騒動であった。何羽かはフェンローというところで見つかったが、他は脚環を外された状態で戻って来たのである。

ティスト・エイセンの関わり

この本を読み進めれば、フォンス・ヤンセンがヤンセン・ファミリーにおいていかに重要な役割を果たしたかが明らかになる。しかし、彼がそれほど有名にならなかったのには理由があった。フォンス・ヤンセンは結婚した後、アーレンドンクを離れ、一方で彼の兄弟達はアーレンドンクの実家に止まったからである。

同じような事が、もう一人の結婚した兄弟フランスにも言える。フランスはアーレンドンクでの作出鳩を使って、長年にわたり好成績を収めていたのだと、ルイがよく言っている。

ヤンセン兄弟について語る時、それは結婚しなかった兄弟達、即ちルイ、シャレル、ジェフ、アドリアーン、それにヴィックが当てはまる。フォンスとフランスが、それほど有名ではなかったにしても、フォンスの活動は、ヤンセンの名声に大きく貢献していることは否定できない。彼はベルギー中のいたる所に住み、何処でも好成績を挙げた。彼の最後の居住地がベールセであり、そこで彼はグスト・ホフケンスの基礎鳩の提供者となったのである。

フォンス・ヤンセンが、初めてスクーテルスの鳩を手に入れたのは1926年のことであった。その内の1羽はいなくなってしまったが、その翌年フォンスのもとへ脚環を切られて戻って来た。

フォンスは、この鳩を義兄弟であるティスト・エイセンに貸した。エイセンは、ヤンセン兄弟達の1姉妹であるマリーと結婚していた男である。ティストは、その鳩から1腹の若鳩を作出し、その後で処分してしまったのだ。それは、その鳩が悪い鳩だったからというわけではなく、脚環の無い鳩を持っているということ自体があまり好きでなかったからである。

その殺されてしまったスクーテルスの鳩から生

ティスト・エイセン＝Tist Eyssen

まれた1腹の若鳩はといえば、これが実によく飛んだのである。それはある日、エイセンの家の戸口に義父ヘンリー・ヤンセンと彼の息子フォンスを立たせたこととなった。即ち、フォンスは義兄弟のティストに、自分達が分けてもらえる良い鳩はいないかどうかと尋ねたのである。父親のヘンリーは、そういったことを自分から切り出すことは好まなかった。

ティストは、彼らに2羽の雌鳩を持って来た。それは1928年のことであったが、これらの2羽はあの殺されてしまったスクーテルスの鳩の孫であった。フォンスはその内の1羽を、アウデ・トゥルンホウトに住んでいた、グスト・ファン・ネイレンから購入した鳩と交配した。このペアからは、ヘンリーも度肝を抜かれるほどの速い鳩達が輩出されたのである。

彼は、その後もしばらく待機戦術を続け、そして遂に『スクーテルスの鳩は、先例のない優れた鳩質を備えている』との結論に達した。フォンスは、とにかくスクーテルスの鳩に戻ろうと決意し、まず最初に、スクーテルスの〝アウデ・リヒテ〟の直子と娘を譲って欲しいと、依頼の手紙を書いた。これに対して、スクーテルスは売れる鳩はいないとの返事が返ってきた。…と同時に嬉しい情報もあった。それは、ヘレントアウトにスクーテルスの鳩だけを飼っていて、売ってくれる人物がいるとの事である。スクーテルスは、前述したカス・ゴッセンスのことを言っていたのである。

ゴッセンスとスカーリー・ブラウヴェ

その後、ヤンセン兄弟3人と義兄弟達はヘレントアウトに向かった。最初はスクーテルスの鳩舎へ、彼の鳩を観察するだけの為に訪問した。この時、彼の鳩舎に2羽のスカーリーがいたことを彼らははっきりと覚えている。アーレンドンクからの訪問客がスクーテルスの鳩舎の前に立っていた時、スクーテルスが彼らに1羽の鳩を指し示した。その鳩は、床に腹を擦らせながら前後するという、奇妙な動作を繰り返していたのである。

アウデ・トゥルンホウト＝Oude Turnhout
グスト・ファン・ネイレン＝Gust van Nijlen
アウデ・リヒテ＝Oude Lichte
ラッペ（ラーテ・ファン35）＝Rappe(Late van 35)

“4人の仲間”。1934年に写されたもの。左から、スクーテルス、ファン・サンデ、スクーテルスの優秀な大工と他の愛鳩家

『まるで猿（アープ）みたいだ』

ヤンセン兄弟の1人が思わず言った。これが歴史的な言葉となったのである。この日からこの鳩は、一生〝ド・アープ〟（猿）と呼ばれるようになったのである。後に、この鳩の娘がアーレンドンクに来て、種鳩として輝かしい栄光に包まれることになるのである。

ヤンセンは、スクーテルスの鳩に強い感銘を受け、彼の鳩の入手を再度試みてはみたが、やはりダメであった。スクーテルスは、自分の鳩を手放す事こそ望まなかったが、大変協力的で、彼の親友カス・ゴッセンスの鳩についての助言をしてくれた。スクーテルスによれば、ゴッセンスの飼っている薄い胡麻の雄鳩が特に良い鳩だということであった。それを聞いたヤンセン兄弟達は、すぐにゴッセンスの鳩舎へと向かった。

ゴッセンスは、自分の鳩を広い運動場の中に収容していた。ヤンセン兄弟達は、彼にスクーテルスが推奨する鳩を見せてくれるよう頼んだ。様々な鳩を掴んでじっくりと観察した。そして最後に掴んだ鳩が、スクーテルスの言っていた薄い胡麻の雄鳩であった。目の側に小さな刺し毛のある鳩であった。

ヤンセン兄弟達は、しばらくあれこれと話し合った後、先に掴んだ鳩の中の1羽を、もう1度掴ませてほしいと頼んだのである。これにはゴッセンスも驚いた。なぜならば、その鳩は彼が見せた鳩の中でも、最高の鳩とは言えないことがはっきりしていたからである。

その鳩は、スカーリー・ブラウヴェ（スレート）で、遅生まれの若鳩だった。主翼の内5枚は、まだヒナ鳩時の羽根である。この鳩こそが、後にアーレンドンクの鳩舎の歴史を塗り変えることとなる鳩であった。

奇跡が起こる

鳩の代金を支払うと、その鳩をアーレンドンクに持ち帰った。しかし、ヤンセン兄弟達は大失敗したようであった。その鳩は美しいというには程遠く、ヤンセン兄弟自身、貧乏くじを引き当ててしまったと頭を抱えるほどであった。いずれにせよ、その鳩を鳩舎環境に慣らしてから、舎外訓練からスタートすることにした。

ところが、初期の訓練でこの鳩は失踪してしまったのである。それでもヤンセン兄弟達はツイていた。その鳩は発見され、捕まえられたのである。些細な出来事が大変な結果を引き起こすことはよくあるものだが、この場合その結果というのがどれほどのものであったかは、この後直ぐに分かるはずである。

ジェフは、セント・ニコラスに行って、その失踪鳩を引き取ってきた。この鳩こそが、アーレンドンクのヤンセン兄弟に永遠の名声をもたらした〝スカーリー・ブラウヴェ・ファン32〟である。

彼は、後に〝ラッペ〟と呼ばれた〝ラーテ・ファン35〟の父親となるが、〝ラッペ〟は恐ろしく素晴らしい成績を残した鳩であった。〝スカーリー・ブラウヴェ・ファン32〟は、〝アウデ・ヴィットオーガー・ファン33〟の父親でもあるが、この鳩も〝ラッペ〟と同じくらい素晴らしい鳩であった。更に、〝スカーリー・ブラウヴェ・ファン32〟は伝説的銘鳩〝ヴォンダー・フォスケ・ファン45〟の曽祖父となってもいるが、この鳩は有名な〝バンゲ・ファン51〟の祖母となった鳩である。

この〝バンゲ・ファン51〟の血は、まるで赤い糸のように、1950年以降に作出されたヤンセン鳩舎の素晴らしい鳩のほとんど全てに入っている。例えば、〝アウデ・メルクス〟〝アウデ・スケルペ〟〝ド・019〟〝ヨンゲ・メルクス・ファン70〟などである。

〝スカーリー・ブラウヴェ・ファン32〟の直系は、ド・クラック（本名ヨス・ファン・リンプト）をもオランダ鳩界史上最も有名な男に仕立上げた。つまり、この鳩が鳩界にもたらした事は、そう簡単に言い表すことは出来ないのである。今日までに存在してきた銘鳩と称される鳩の多くは、このヤンセン兄弟がカス・ゴッセンスから導入した伝説的銘鳩〝スカーリー・ブラウヴェ・ファン32〟から派生して来ているのである。

セント・ニコラス＝St.Niklaas
アウデ・ヴィットオーガー・ファン33＝Oude Witoger van 1933
ヴォンダーフォスケ・ファン45＝Wondervoske van 45
バンゲ・ファン51＝Bange van 51　**バンゲ・ファン59**＝Bange van 59

〝スカーリー・ブラウヴェ・ファン32〟こそ、スクーテルスがド・キュラールから借りてきた、あの〝アウデ・ドンケレ〟と、ヘレントアウトの鳥屋の籠から持ち帰った鳩から作出された、三姉妹の内の1羽の雌鳩のペアから生まれた、スクーテルスの有名な〝アープ〟の孫とされている。

アウド直系の活躍

〝スカーリー・ブラウヴェ・ファン32〟の直系、〝ヴォンダーフォスケ・ファン45〟〝バンゲ・ファン51〟〝バンゲ・ファン59〟〝メルクス〟更には〝ド・019〟といった鳩が、世界鳩界で有名になった銘鳩だとすれば、地元アーレンドンクでヤンセンの名声を最も高めたのは、〝スカーリー・ブラウヴェ・ファン32〟の直子、〝ラーテ・ファン35（ラッペ）〟と〝アウデ・ヴィットオーガー・ファン33〟であろう。

この2羽は、コンディションが良く、天気も良い日には、レース鳩として向かう所敵なしであった。彼らは、次から次へと勝ち続けた。ヤンセン兄弟がこの2羽の内1羽でもレースに参加させれば、周囲の愛鳩家のほとんどが、もう勝ち目は無いと思い込むようになってしまったほどである。

後続を大きく引き離すような勝利が多く、この2羽から、アーレンドンクで次々と素晴らしいチャンピオン鳩が作出される、新時代の幕開けを予感させた。そしてこの2羽は、共通した特徴を持っていた。天気が良い日にレースで負けることはなかっただけでなく、種鳩としては更に優秀だったのである。

ヤンセンによって導かれた成功

決して大げさではなく、後に明らかになることであるが…、アーレンドンクで、この素晴らしい種鳩たちから作出された直系は、ベルギーやオランダで何百人という愛鳩家に、前代未聞の成功をもたらした。しかも、それはトップクラスの愛鳩家が参加するようなレースばかりである。何万羽

アウデ・スケルペ＝Oude Scherpe　**アウデ・メルスクス**＝Oude Merckx
ヨンゲ・メルクス・ファン70＝Jonge Merckx van 70
ヨス・ファン・リンプト・クラック＝Jos van Limpt (De KLAK)

ヒルゼのテオ・アールツ。1950年代にヤンセン・ピジョンで長距離レースに参加し、輝かしい成績を収めた。2年間で2台もの車を獲得している。

も参加するようなレースでも、ヤンセン・ピジョンは鮮やかに上位を独占した。ナショナルレースで優勝したかと思うと、次はナショナルエースピジョンが作出される。また、異血交配をすれば、1000キロ以上の長距離レースでも難なく勝利するのであった。

しかし、長距離レースをヤンセン・ピジョンで独占するために、異血交配が必要不可欠というわけではない。ヒルゼに住んでいたアールツ兄弟を例に挙げると、彼らはヤンセン・ピジョンでその地方でトップの座をキープしてきた。兄弟のバルトが亡くなった後、テオが純ヤンセン・ピジョンで長距離レースに挑んだのである。その結果、数年間で車を2台も獲得し、不滅の名声を得ることとなった。

ヤンセン兄弟はテオに、500キロまでのレースが最も良いレースであると、いつも断言していた。しかし、テオは自分こそがボスであり頑固な性格であったため、そう言われるとますます長距離レースを試みたくなり、結局参加し始めたのである。その結果はご存知の通りだ。

テオが長距離レースで獲得した車で、初めてヤンセン兄弟を訪ねて来た時、ルイは開口一番こう尋ねた。

『しかし、テオ、君は一体何を持って来たんだい？』

『これは、あなたの鳩で勝ち取った車ですよ』と、ヒルゼから来た男は、酷いアーレンドンクなまりで答えたのである。

これは、数ある中のほんの一例に過ぎない。

1945年以来ヤンセンが作出し続けた無数のスーパーピジョンによって、彼らの鳩は金では買えないほど、大変貴重になってしまった。ヤンセン・ピジョンが自分達で宣伝してしまったので、いわゆる宣伝広告など全く必要とされなかった。

ヤンセン鳩舎や他の鳩舎がレースで獲得した成績は、ベルギーの国境地方の人々さえも有頂天にしてしまった。そして、当時アーレンドンクで、ただ1個の卵を手に入れる事が出来ただけで、その地でチャンピオンになれることは保証されたも

テオ・アールツ＝Theo Aarts

同然であり、成功と名誉が待っていた。
負けることを知らないヤンセン・ピジョンのニュースは、まるで野火のようにどんどん広がり、止まるところを知らなかった。至る所で、野心を抱くヨーロッパの愛鳩家が大きな地図を前にして、ベルギーとオランダの国境近くにあるアーレンドンクを探しているのが目についた。

評価の低かったフォンス・ヤンセン

偉大なる父ヘンリー

ヤンセン兄弟の父親、故ヘンリー・ヤンセン（ドリークスケ）の生まれつきの才能が、比類なき最高の血統、そしてその基礎を築き上げた。彼は、既に19世紀に鳩を飼っていた。そしてどんな鳩が良い鳩であるかを知っていた。どこへ行けばそれが手に入るのか、自分の地域にずっと住んでいても、それをちゃんと知っていた。

アーレンドンクは、〝スカーリー・ブラウヴェ・ファン32〟の直系によって世界的に有名になった。もし天気が良くて向かい風だったら、後続を引き離してトップへ躍り出る――それが〝ラッペ〟や〝アウデ・ヴィットオーガー〟の特技であった。そしてこれが戦後のヤンセン・ピジョンのトレードマークとなったのである。

恐らく、まともに教育を受けていないにもかかわらず、彼のように才能のある作出家は、他にはいないだろう。彼は目標とするタイプの鳩というものを持っていて、とくかく意識的にそれに照準を合わせて作出していた。それ以外には、レース成績と健康だけが明確な結果をもたらすと考えていた。
最高のレーサーでレースをすること、異血交配、近親交配すること、健康度をとことんまで追求すること――それらが彼の原則であり、それによって彼は、第一次世界大戦前からトップの座をキープし続けてきたのである。

ヘンリーは美しい鳩を飼っていた。そのほとんどが灰または灰胡麻で、最高の鳩ばかりであった。

ヤンセン・ピジョンは、それから更に鳩質の改良が続けられ、益々申し分のないものになっていったのである。調子が悪そうな鳩は、アーレンドンクの鳩舎には絶対にいなかった。

これら健康に満ち溢れている鳩にとって、天候の良い日のレース入賞は朝飯前、いとも簡単に優勝もしてしまうのだ。ヤンセン鳩舎では、このような状態が世紀にわたって続いているのである。1983年現在でも、半世紀前に見られたヤンセン・ピジョンと何も変わっていない。全く生き写しと言っても過言ではないほどである。あのピート・デヴェールトでさえも、この事に気がついたのは最近になってのことであった。

ヤンセンが作出する鳩は全て、信じられないほど健康に満ち溢れており、それは一つの〝タイプ〟と見なされてきた。1945年から1955年にかけてヤンセン・ピジョンを導入した人々と、よく話をした。すると、誰もが一様にその予想外の素晴らしさに驚きを隠さなかったのである。大抵の場合、ヤンセン・ピジョンでレースに参加している鳩舎に対抗できる者などいなかった。

ヤンセン・ピジョンを手に入れてすぐに輝かしい成績と、世界的な名声を得た愛鳩家も数多くいるのである。

ヤン・グロンドラース、ゴイルのフェルホーヴェン、アールセラールのセイムス、ポッペルのルイ・ファン・ローン、ヘイスト・オプ・ド・ベルグのメイレマン、ファン・デル・フラースなどといった数え切れないほど多くの鳩舎が、僅か数年の内に無名鳩舎から脱してしまうほどであった。

愛鳩家魂が漲るヤンセン

実際、ヤンセン・ピジョンを創り出し、それを更に高める役割を果たしたのを、父親ヘンリーだけのお蔭とするべきではない。何と言っても、息子達ア

フェルホーヴェン＝Verhoeven
ルイ・ファン・ローン＝Louis van Loon
ファンデル・フラース＝Van der Flaes
セイムス＝Seymus
メイレマン＝Meylemans

ヤンセン兄弟の長男フォンス・ヤンセンと母ポーリン

ドリアーンとシャレルの才能と献身的な努力が、ヤンセン・ピジョンの形成に大きな役割を果たしているのである。

しかし、他にもまだ見落としてはならない重要なポイントがある。ヤンセン・ピジョンは、長年の間に何回かの異血交配によって、改良に成功しているという点である。ヤンセン鳩舎に導入され、ヤンセン・ピジョンの鳩質を高めてきた鳩は、ヘンリーの長男であるフォンス・ヤンセンの助言や指示によるところが大きかった。フォンスに対して、父ヘンリーは大きな信頼を寄せ、彼の指示に従うことが多かった。フォンスがヤンセン・ピジョンを強化出来るような意見を持っている時は、それに必ず耳を傾けていた。

父ヘンリーは、彼の息子達同様に限りない闘争心を燃やしていた。ヤンセン・ファミリーは、常にナンバー・ワンでなければ満足しなかった。それは今でも全く変わってはいない。この精神がなければ、決して今日のヤンセンの名声はあり得なかったであろう。ヤンセンにとって、レース成績の中では〝優勝〟というひとつの順位しか存在しないのである。

彼らは、優勝を狙うために数多くの鳩をレースに出そうとはしなかった。逆に、この頃レースに投じられていた鳩は、少数であっても、各々の鳩が優勝出来る能力を備えていたのである。これは、当時も今も変わってはいない。

数多く参加した中の1羽が、たまたま上位を飛んだりして、鳩レース雑誌や新聞で取り上げられて喜ぶことくらいしか、他の愛鳩家に残されていることはなかった。

フォンスの重要な役割

彼らの持つそのレースマン魂、最高であろうとする不屈の精神、また彼らが過去に歩んできた道のり、それらは全てフォンスの仕業であると考えられる。彼は酒を愛し、鳩の話であればどこへでも出向いて行ってよく人の話に耳を傾けるといった男であった。

ヤンセン鳩舎よりも他にもっと良く飛ぶ鳩がいるとフォンスが指摘したのは、半世紀の内、僅か2回だけであった。それは、第一次世界大戦直後の1回と、その10年位後の1回だけである。しかし、それはもう随分昔のことであり、1960年のハーフ・ファブリーを導入以来、他鳩舎の鳩を導入したことが一度もない。少なくとも成功と呼べる異血導入はこれらだけであった。この2回は、共にフォンスがたまたま鳩を見つけ、ヤンセン兄弟は誰もその鳩を見に行くことを拒んだりはしなかった。

　ヤンセン兄弟は、自分達の鳩より優れた鳩がいるなどということを簡単には認めない。それゆえに、フォンスがより良い鳩を見つけて兄弟に指摘した時、それを自分達の目で確かめるまでは、内心穏やかでいられなかったのである。即ち、ベルラールのキューレマンスの鳩とヘレントアウトのスクーテルスの鳩をフォンスが見つけて来た時のことであった。これらの鳩は導入され、入念にテストされ、比較され、そして『良』と判定されたのである。

　これら前述した鳩の導入によって、ヤンセン・ピジョンはより鳩質を高めていった。それらの鳩を見つけてきたのがフォンスである。彼は、自分が良しとする異血交配が良い結果をもたらすであろうことを、彼の父や兄弟達に納得させたのである。

　彼はいつも兄弟や義兄弟をお供するかのように、キューレマンスやスクーテルスの鳩の導入に出かけて行っていた。その結果については、他のページで分かるはずである。

　フォンスがそこまで有名でなかったからといって、彼の果たしが役割の重要さが変わることはない。父〝ドリークスケ〟・ヤンセンと独身で通した息子達があまりにも有名だったため、彼はいつも他人から、貴方は有名なアーレンドンクのヤンセン兄弟の親戚か何かにあたる人ですか、と尋ねられた。それは、フォンスにとっては堪らなく苦痛であった。確かに、フォンスなしでもヤンセン兄弟は一流の鳩飼いになっていたはずだが、これほどまでに有名になることはなかったであろう。だからといって、極端な方向に走るべきではない。

　フォンスによって導入され、ヤンセン鳩舎をここまで有名にした鳩が素晴らしい質であったこと間違いない。しかし、集中的な管理、充分に考え検討され尽くした交配、レースに向けての準備などが本質的な重要性を持っており、これらの全てに、フォンスは一切加担していなかったのである。これらに関しては、父ヘンリーと彼の息子アドリアーンとシャレルが決定的に重要な役割を果たして来た。

フォンスが鳩の調達し、彼の父親と兄弟達はそれを改良し、その質を高める。そして一定の時点で、自分達の鳩舎にいる鳩が、自らの要求を満たしているかどうか、そしてそれらの鳩でレースを続けるべきかどうかの判断をした。もし彼らがそのような過程を踏んでこなかったら、フォンスは絶え間なく鳩を導入し続け、それは悲惨な結果を引き起こすことになっていたかもしれない。ところが、スクーテルスの鳩を導入して以後、ヤンセン兄弟達は他の鳩を欲しいとは思わなくなった。ここで、フォンスの役割は完了してしまったのである。

ヤンセン兄弟は、お互いによくチーム・ワークを果たしてきたので知られている。1人が鳩の導入を担当すれば、他の人間が鳩の面倒を見るといった具合である。この鳩レースというスポーツは、鳩質だけではどうしようもないということは、当たり前なのである。ヘンリー、シャレルそれにアドリアーンの役割は、フォンスが導入した鳩に磨きをかけることだったのである。

キューレマンスとの出会い

ヤンセン系確立にあたり、最初の礎石が据えられたのは、第一次世界大戦の真っ只中であった。1895年11月4日に生まれたフォンスが、志願兵として入隊したのは、1916年2月5日のこと。皮肉にも、彼の任地はアイゼル河畔のルーセルだった。その地で、1916年6月18日から1918年9月13日までの間、フォンスは祖国の軍服を着ていたのである。

ベルラールのルイ・キューレマンスと知り合ったのは、カースケルケのステーン通りであった。偶然にも、彼の父親は鳩の飼育者だった。前線で戦いながらも、敵のことよりも鳩の方が話題の中心であったことは、不思議なことではない。フォンスはキュ

アイゼル川＝River Ijzer
ルーセル＝Reusel

ーレマンスと話をしている内に、彼がもの凄い鳩を飼っているに違いない人間に出会ったのだということが、次第にはっきりとしてきた。1919年6月13日まで、ドイツ・ケッティンゲンで捕虜になった後、1919年6月26日に退役することが出来た。

そしてフォンスは、あの時の会話を確かめるべく、すぐさまベルラールのキューレマンスのもとへ駆けつけたのである。フォンスは、戦友として王様のような歓迎を受けた。同時に、フォンスはすぐに、キューレマンスが彼の父の鳩質について大げさに言ったのでもなければ、ホラを吹いたのでもないのが分かった。鳩のほとんどは栗で、レースでは後続を引き離して勝てるだけの見事な特徴を備えていた。フォンスがアーレンドンクに帰る時には、籠の中に〝フォス・ファン1919〟が入っていた。

キューレマンスにとって〝友情〟という言葉が、口先だけのものでないことがすぐに明らかになった。さすがのフォンスも、彼が持ち帰った鳩が、ヤンセン鳩舎のみならず、国際的な鳩レースにとってどれほどに重大な結果をもらすかまでは想像できなかった。〝フォス・ファン1919〟は一度もレースに参加したことはない。この鳩は、父ヘンリーの古い血統の灰の雌鳩と交配され、〝フォス〟がゴールデン・ブリーダーであることをすぐに実証した。アーレンドンクでは、栗またはフォスの鳩が、一世代の長きにわたって、時計のように規則正しく作出され続けたのである。〝ヴォンダーフォスケ〟であるとか、彼女の子孫である〝バンゲ・ファン・51〟〝バンゲ・ファン・59〟などといった鳩達は、国際的な鳩レースにおいて素晴らしい評判を高めた。これら

伝説的銘鳩“ヴォンダーフォスケ・ファン45”
B45－4110553

フォス・ファン1919＝Vos van 1919

全ての鳩、そして〝ローイエ・アッピー〟や1981年オランダNエースピジョンになったカンファイス鳩舎の〝05〟に至るまで、ほんの僅かであるが、キューレマンスの血が入っているのである。

スクーテルスとの出会い

1920年10月、フォンスは税務官吏となった。〝彼は、税務署で働くようになった〟――ベルギー人はそう言う。1921年7月1日の時点ではモルに赴任していたが、次の任地はバールルレ・ヘルトーホであった。その移転は、1922年12月12日に彼が結婚した後のことであった。フォンスは、この飛び領土の村（オランダ国内のベルギー領。かつてベルギー・オランダが分かれた際、住民の自決によりベルギー領となったが、周囲はオランダという言わば陸の孤島。現在この村はオランダに属している）の中にあるケルク通りに落ち着いた。そして1924年4月初頭から1935年まで、このバールルレ・ヘルトーホの村で、ヤンセン鳩とスクーテルス鳩を交配して飛ばすことで、あくせくした状態になっていたのである。

フォンスは、仕事上スクーテルスとの関わりがあった。スクーテルスはヘレントアウトのビール製造業者で、フォンスは、消費税を担当する税務官僚として、アルコール・ビールなどを管掌する部門で働いていた。そのお蔭でフォンスは、当時のベルギー鳩界の最高鳩舎であったスクーテルスと幸運にも出会い、その交流を絶えず保つことが出来たのだ。

そして、スクーテルスの鳩がどのようにしてアーレンドンクに来たのか、どのような結果を生んだかについても、既に述べられた通りである。ヤンセン系の基礎、それがキューレマンスでありスクーテルスであったことは、もうご存知であろう。

ラッペ誕生までの系譜

〝スカーリー・ブラウヴェ・ファン32〟〝ラッペ〟〝アウデ・ヴィットオーガー・ファン33〟、それに〝アープ〟の子孫達は、スクーテルス系を導入

ローイエ・アッピー＝Rooie Appie
カンファイス＝Camphuis
バールルレ・ヘルトーホ＝Baarle Hertog

することによって生まれた著しい代表鳩である。その中でも〝ラッペ〟と〝ヴォンダーフォスケ〟は、恐らく最も騒動を巻き起こした2羽であろう。

〝ラッペ〟の母親のことがよく分かる話がある。既に述べられてように、父親は〝スカーリー・ブラウヴェ・ファン32〟であった。一方の母親の血統を追跡する為には、シャレルの幼少の頃まで時代を遡らなければならない。小さい頃から大の鳩キチだったシャレルは、父親からもらった1ペアの鳩をみかん箱の中で飼っていた。（誰もがそうして鳩を飼い始めた）そのペアは、父親の古い血統の鳩であった。当時アーレンドンクでパン屋をやっていたペータースという知り合いが、鳩の話をしたりトランプ・ゲームをしに、ヤンセンの家へよく出入りしていた。

いつものようにペータースが遊びに来ている時、小さなシャレルは、みかん箱の小鳩舎の中で作出した若鳩1腹を自慢気にみせびらかしたのである。

『どうやって、こんなに美しいヒナを作出したんだい?』。パン屋は、励ますようにシャレルの背中をポンポンと叩きながらそう言った。

『売ってあげてもいいよ』。シャレルはそう言った。その結果、ヒナ鳩が巣立ちする頃になったら、シャレルがパン屋にそれを知らせることになった。

このことは、シャレルにとっては大変な自慢なのであったのだが、パン屋のペータースは、子供の心を何も理解していないようであった。自分はどっちみち鳩が多すぎるし、シャレルはこれらの鳩を自分で飼った方が良い、と言ったのである。しかし、これで話が終わった訳ではなかった。この末っ子ヤンセンの失望たるや大変なものであった。そのパン屋が彼を見捨ててしまったため、彼は本当に大声で泣きわめいたのであった。丁度そこへ、もう結婚してバールレ・ヘルトーホに住んでいたフォンスがやって来た。フォンスは温かい心を持って、同情するように一番下の兄弟に優しく言った。

『おチビちゃん、どうしてそんなに泣いているんだい?』

シャレルは哀れっぽく訳を話した。パン屋のペータースの話を聞いたフォンスは、ケチでもなければ、いやいや鳩を買うようなことはしない彼が、その若鳩2羽をシャレルから、5フランで買ったのである。その鳩に対する興味よりも、弟を喜ばせ、とにかく泣くのを止めさせるためにそうした、というのが本当のところである。

これは20年代終わりのことだったはずである。この2羽は雄と雌であった。フォンスは、この2羽をバールレ・ヘルトーホでレースで飛ばしてみることにした。雌は凄く良く飛んだが、一方の雄は思うように帰って来る鳩ではなかった。最初の頃は、翌日になってやっと鳩舎に戻ってくるようなこともあったほどである。それでも、それがシャレルの鳩であり、父の古い血統の鳩でもあったので、フォンスはこの鳩を辛抱強く使っていた。すると、数週間後には当日帰りをするようになっていた。そしてある日、その雄が1羽の雌を追うようになり……、奇跡が起こったのである。何とそのシャレルの雄がレースで優勝してしまったのである。

『これは一体全体どうしたことか?』

フォンスは考えた。そしてすぐに、父と兄弟達にシャレルの鳩が飛んだことを知らせるために手紙を書いたのである。アーレンドンクの兄弟達は、大きなショックを受けていた。そして、すぐに2通目の手紙が郵便受けに届いた。翌週の日曜日、シャレルの鳩がまたも優勝したとの知らせである。

シャレルの興奮は頂点へ達した。というのも、この鳩は、最終的に7週間連続優勝を果たしてしまったのである。本当の事にしては余りにも話が出来過ぎていたので、アーレンドンクの兄弟達は、毎週来る手紙を信じなくなってしまった。

『フォンスは、シャレルを喜ばすためにこんな手紙を書いてきていたに違いない』と考えたのである。

それでも、ある日フォンスがレース成績を持ってアーレンドンクに現れた時には、それを信じない訳にはいかなかった。その鳩は、父ヘンリーの古い血統によく出るような目縁の赤い鳩であった。

後に、この鳩はエイセンやアーレンドンクのヤンセン兄弟のもとでも飼育されることとなる。ヤンセン兄弟は、この鳩から1羽の薄い灰胡麻の雌を作出した。実は、それが〝ラッペ〟の母親となった鳩である。

中央右がフォンス・ヤンセン、左が息子のリック。写真は、1953年にボームで行われた表彰式で撮られたものである。

強豪フォンス・ヤンセンの試練

フォンスがバールレ・ヘルトーホに住んでいた時、オリンピア・ホール（カフェ）の所有者であるヤネケ・アドリアーンセンととても親しくしていた。そして1983年の今日、彼の娘であるマルグリートがこのカフェを切り盛りしているが、そこは鳩レース・クラブ〝ド・ファルク〟（鷹）の溜まり場にもなっている。ヤネケの鳩舎には、1羽の素晴らしくダークなスクーテルスの雄鳩がいた。フォンスが公衆からの圧力で鳩舎を建てることが許されなかった時、アドリアーンセンがオリンピア・ホールの裏側にある小屋を提供してくれたのである。お礼として、フォンスがプレゼントしたのがこの鳩であった。

後に、フォンスはカペレ通り沿いに自分の鳩舎を建てた。それは、彼が勤める税務署職員の家の裏側で、許可も取らずに建ててしまったのである。しばらくの間、彼はその場所でかなり強かったが、1人だけライバルがいた。そのライバルとは、即ちヤネケ・アドリアーンセンと……、そして彼のヤンセン・ピジョンであった。

1935年、フォンスはベルギー・リンブルフ州のネールペルトへと移転した。そして、愛鳩家がやってきたことに気づいた人々は、フォンスにこう言ったのである。

〝バールレ・ヘルトーホでそのままレースを続けていた方が良かったのじゃなかったのかい〟。彼はそう言われ続けるのを我慢しなくてはならなかったが、それもフォンスが大きなレースで勝ち始めるまでの僅かの間だった。そして、この地でも彼は瞬く間に、チャンピオン鳩舎にのし上がってしまったのである。

その後間もなく、彼はアメリカ陸軍の調査部からメルクスプラスへ移転させられた。それは1938年のことである。もちろん、鳩も一緒であった。しかし、ドイツ軍の進駐後、フォンスは鳩レースを止めなければならない瀬戸際に立たされることとになる。第一段階では、鳩は全て処分しなくてはならないはずであったが、後に進駐軍は鳩の保持を許した。

フォンスは鳩を持ち続け、鳩を飼うにあたっての

ヤネケ・アドリアーンセン＝Janeke Adriaensen
ネールペルト＝Neerpelt
メルクスプラス＝Merksplas

状況は、次第に好転していった。ゾンデライゲンの税関にいるドイツ人は、オランダやベルギーの官憲を助けて、穀物をふるいにかけてくれるほどまでになったのである。残ったものが、フォンスの鳩の餌となった。また、生き延びるために、磨り潰した椎の実も与えられた。フォンスは、こういったやり方で、第二次世界大戦を鳩と共に切り抜けたのである。故郷アーレンドンクの血筋にスクーテルスの鳩を交配させて作られた最高の血統を持つ鳩であった。しかし誰もが知っての通り、終戦直後も大変な時代であった。無論鳩だけではない。人間でさえ、やりくりをして日々のパンを得るために必死に働いた。

田舎村で戦争を体験した人々であれば、〝ブラック・ピッグ（黒豚）〟という言葉を恐らく知っているだろう。フォンス・ヤンセンは、戦後その黒豚を飼っていた。これがまた、何でもないような小さな事が、想像もつかないほど意外な結果を呼びうることを象徴している。フォンス・ヤンセンの〝黒豚〟は、ベルギー鳩界で最も有名な鳩舎を築き上げる大きなきっかけとなった。そして、この鳩舎の鳩が、他の多くの最強鳩舎の基礎として据えられる決定的な役割を果たしたのである。

屠殺された〝黒豚〟

お金より〝鳩〟

〝黒豚〟とは、飼育を許されていない、いわゆる闇の豚である。そんな豚を持っていれば、何時かは屠殺されねばならない、という大きな問題を抱えていた。貧しかった当時、誰かがこのように法を犯したとしても、それは決して例外ではない。だから、フォンスがこの〝黒豚〟を持っていたからといって、他の人々より悪かったという訳ではないのである。

そして問題は、この豚が充分に脂がのって成育するまでになった。この豚を思い切って屠殺してくれる人間を探さねばならなくなったのである。

幸いにも、近隣の村であるメルクスプラスには、1人の屠殺業者、グスト・ホフケンスが住んでいた。そう！　これが即ち後に有名なグスト・ホフケンスである。グスチェ・ド・クロール、つまり〝巻き毛のグスト〟というのが、彼のあだ名であった。それはまるでビル・ハーレイのように、彼の大きな巻き毛は額に垂れ下がっていたからである。

ホフケンスは、豚を屠殺する準備に入ったが、豚を眺めながらしばらく考えていた。実は、彼も愛鳩家の1人だったのである。そして、何羽かの鳩を貰うことを条件に、豚の屠殺を約束したのである。屠殺に対して、彼は金は要求しなかった。

こうして4羽のフォンス・ヤンセンの鳩が、屠殺業者グスト・ホフケンスの鳩舎に移ったのである。後に、ホフケンスは更に2羽の鳩を買い足した。そしてこれらの鳩が、ファンライン＝クロークの鳩と交配されて、ホフケンスの名を有名にしたのである。

1950年代から彼の死に至るまでの間、ホフケンスは向かう所敵なしであった。金のなる木があるレースには、どんどん鳩をエントリーさせた。そのほとんどが灰の鳩である。

当初は、短距離レースだけにこだわっていたのだが、後に中距離、更には長距離レースにも参加して、最強のライバル達とも剣を交えることを敬遠することはなかった。ただ一つの条件、充分な配当金さえぶら下がっていれば良かったのであった。

彼が長距離レースへと転向していったのは、ホフケンスにとって短距離レースでの面白味が、急速に薄れていった、という状況があったからであった。短距離レースでは、彼と対抗して金を賭ける者がいなくなり、果てには彼をレースに参加させないようにする者までもいたのである。

ベルラール・ヘイカントは、当時のベルギーにおける短距離レースのメッカであった。そこの短距離レースでは、常に多額の金を稼ぐことが可能であった。例えホフケンスが、他の屠殺業者と同様に羽振りが良かったにせよ、レースの競争相手から金を巻き上げるのは一つの挑戦だと見なしていたのである。

ファンライン・クローク＝Van Rhijn Kloeck
ベルラール・ヘイカント＝Berlaar Heikant

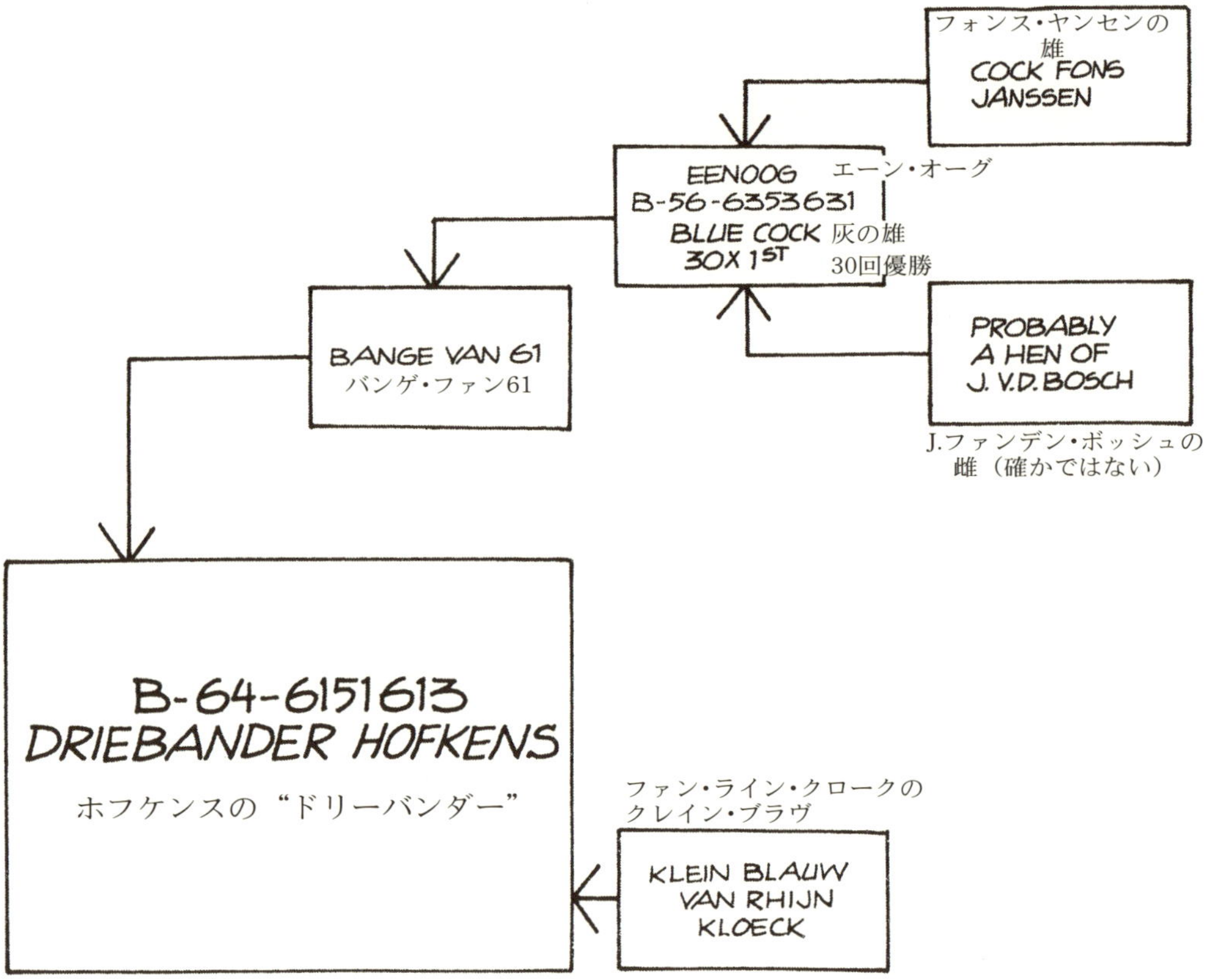

フォンス・ヤンセンの雄
COCK FONS JANSSEN
EENOOG
B-56-6353631
BLUE COCK
30X 1ST
エーン・オーグ
灰の雄
30回優勝
PROBABLY A HEN OF J. V.D. BOSCH
J.ファンデン・ボッシュの雌（確かではない）
BANGE VAN 61
バンゲ・ファン61
B-64-6151613
DRIEBANDER HOFKENS
ホフケンスの“ドリーバンダー”
ファン・ライン・クロークのクレイン・ブラウ
KLEIN BLAUW VAN RHIJN KLOECK

ベルラール・ヘイカントでは、彼が何故そこまでして有名なレーサー達に挑戦しようとするのか、一体全体何が彼をこうしたのか、というのが人々の間で共通の疑問であった。

しかし、これも長くは続かなかった。彼が純粋な短距離レースに、彼の鍛え抜いた選手鳩で賭けられるだけ金を賭けて、あきれるほどの実力を披露すると、間もなく郵便受けに1通の手紙が届いた。そこには、彼が何処か他の場所でレースに参加した方が良いのではないか、と書かれていたのである。出来れば鳩レースは、皆で楽しみたいとする考えの人々が多かったのである。

ホフケンスと彼の素晴らしいレーサー達は、どこへ行っても歓迎されず、次から次へと拠点を変えてレースに参加せざるを得なくなっていった。短距離から中距離へ、更にその先へと移行していくのである。それが、彼に計り知れない程の名声をもたらす事となる。

長距離レースにおいて、ホフケンスは以前のやり方を変えなければならなかった。彼はかなり多くの鳩を売り、徹底的に鳩舎を縮小することにした。そして残った鳩は、ほんの僅かであった。

それらは一体どんな鳩だったのか。例えば〝クレイネ・ブラウヴェ〟〝エーン・オーグ〟〝ブールジュ〟〝ドリーバンダー〟〝フォンドマン〟〝ヘールオーガー〟、それから〝ヘスキフト〟などといった鳩である。これらはいずれも比類ない、最高に素晴らしい鳩ばかりであった。

長距離に賭けたホフケンス

ホフケンスは、最強の競争相手を見つけるため、中距離または当日レースに、2〜3羽の鳩を参加させた。アントワープ連盟のプロヴィンシャルまたはナショナルレースが彼の新しい活動範囲であった。そして短期間に、このメルクスプラスの男による賞金獲得は、人々の話題となっていたのである。今や彼が得た名声は、彼の名と共に明らかにされたとてつもない獲得賞金によって導かれた結果なのだ。

僅かばかりの鳩でレースに参加していても、それ

クレイネ・ブラウヴェ＝Kleine Blauwe
エーンオーグ＝Eenoog
フォンドマン＝Fondman
ヘスキフト＝Geschifte
ドリーバンダー＝Driebander
ブールジュ＝Bourges
ヘールオーガー＝Geeloger

ほど注目を集められるものではない。たとえその愛鳩家が優勝したとしてもである。しかし、鳩に最高額が賭けられ、その鳩舎が大儲けをしたとなると、話は全く別である。人々は驚き、『そんなに良い鳩を持っているのは誰なのか』と思案をするようになる。特にベルギーではそうであった。

〝短距離の時代〟を終えた後、ホフケンスは最高額を賭けた選手鳩で、アントワープ連盟、中距離レースで有名な連盟であるリールのハフォ・クラブ、それに州レースの成績で見事トップを飾ったのである。この活躍がまた、彼の活動範囲を更に狭めることになり、最終的にホフケンスは締め出しを食らったのである。しかし、この締め出しにより、いわゆる〝ベルギー中距離レースの最高峰〟への新たな道が開けたことになった。しかし、この様な締め出しを受けたのは、ホフケンスだけではなかった。ヤンセン・ピジョンから作出された有名な〝ヴィットコップ〟で知られるファン・ミールトやボルグマンなどもいた。

後にホフケンスの鳩がそうなったように、ボルグマンの鳩がオークションにかけられた時、この悪名高い締め出しに終止符が打たれたのである。そして彼は再び、同じユニオンやリールで鳩レースに参加出来るようになった。

抜け目ないグロンドラース

それにしても、メルクスプラスの屠殺業者ホフケンスの死は突然であった。それはまさに彼のキャリアの頂点にさしかかった時のことであった。

彼の鳩はオークションにかけられたが、その前に、2度の盗難によってホフケンスの鳩の多くが盗まれた。それは、昼夜を問わず厳重に監視されていた中での出来事であった。この事件は、当時大変なセンセーションを巻き起こした。反面、ホフケンスの鳩に対する人気がどれほど凄いものだったのかをよく物語っている出来事であった。また同じ頃、ドイツの鳩飼いが、大型のメルセデスに乗ってホフケンスの鳩を捜すべく、メルクスプラスの周辺を走り回っていた事もよく知られている。彼らは、道端にホフ

ヴィットコップ＝Witkop
ファン・ミールト＝Van Miert
ボルグマン＝Borgmans

ケンスの鳩がいないか、或いは脚環だけでも落ちていないかと捜し回っていた。脚環は後から悪用することが出来ると考えたのであろう。

この時、メルクスプラスへすぐさま飛んでいった内の1人に、ヤン・グロンドラースがいた。彼はここで何羽もの鳩を買ったが、その中にはホフケンス鳩舎の比類なき俊鳩の一羽〝エーンオーグ〟がいた。グロンドラースの友人達は、彼がそれ以降に作出したスーパー・ピジョンのほとんどが、〝エーンオーグ〟や〝ドリーバンダー〟の血を汲んでいることを知っている。これら2羽の子孫達は、他の多くの鳩舎でも目覚しい成績を挙げた。

ヤン・グロンドラース

種鳩としての能力を考えた場合、これら2羽、即ち〝エーンオーグ〟と〝ドリーバンダー〟のどちらがより優れていたかという判断は難しい。ホフケンス自身は、絶対に〝ドリーバンダー〟だと信じて疑わなかった。…がしかし、実のところ彼は〝エーンオーグ〟の孫でもある。

〝エーンオーグ〟とはどんな鳩だったのだろうか。脚環番号はB56－635631。彼は、50回以上の優勝を獲得し、その内の18回は片目で飛んだということが知られている。これは余りにも夢のような成績である。しかし、彼が多くの勝利をもたらし、子孫の多くがプロヴィンシャルまたはナショナルエース・ピジョンにまで登りつめたことは確かなのである。

〝エーンオーグ〟は、ホフケンス鳩舎の〝ブールジュ〟の父親でもある。〝ブールジュ〟は、1964年2万羽以上が参加したブールジュNレースで9位に入賞した鳩である。そして、その1年後、約1

万羽参加のナショナルレースで、再び2位に入賞したのである。

エーンオーグとドリーバンダー

メルクスプラスという村は、オランダとの国境近くに位置し、放鳩地ブールジュからは最も遠い距離であるといえよう。当日最長距離レースに参加するのにそれほど不利な位置にありながら、ナショナルレースでベスト・テンに入賞することの難しさが想像できるであろうか。ホフケンスは、この困難なレースでベスト・テン入りを果たすことが出来たし、その後も、他のレースマンがホフケンスの鳩によってそれに成功している。

既に前述したように、〝エーンオーグ〟はオプグラブベークの地へ移り、ヤン・グロンドラースを戦後最強の鳩舎に仕立て上げることとなった。グロンドラースにとって、それは新しくヤンセンの血を導入することを意味していた。何故ならば、この〝エーンオーグ〟は、ホフケンスがフォンス・ヤンセンの1羽から作出した鳩だからである。

一方で〝ドリーバンダー〟は、不幸にも最も悲劇的な死を迎えることとなった。ある日、ローテムに住むマルセル・クレスケンスと他何人かがホフケンスの鳩舎を訪問した。彼は〝ドリーバンダー〟を見せようと、鳩舎から掴んで降りてきた。ところが足の悪かったホフケンスは、足を踏み外して落ちてしまったのである。その時、〝ドリーバンダー〟を彼の下敷きにしてしまったのである。グストの手の中で、彼は生命の灯を消した。ホフケンスは、そんなことをしてしまった自分を許すことが出来なかった。

〝ドリーバンダー〟の姉妹の1羽は、ヤン・グロンドラースの有名な〝オルレアン〟の祖母である。〝オルレアン〟は、1974年オルレアンからのレースにおいて、プロヴィンシャル（21700羽参加）で最高分速をマークし、その翌年は記録を更に更新し、同レース（19800羽参加）で再び最高分速をマークしたのである。夢のような成績である。

グロンドラースは後にオークションを行い、そこで〝オルレアン〟は、ペーテル・トロストというド

オプグラブベーク＝Opglabbeek
マルセル・クレスケンス＝Marcel Cretskens

イツ人が競り落とした。１８５００マルクという値段であった。トロストは、同時に〝オルレアン〟の兄弟である〝オルレアンⅡ〟も競り落とした。ちなみにこの鳩も、オルレアン・プロヴィンシャルレースを制していた。

ホフケンスの2羽〝ドリーバンダー〟と〝エーンオーグ〟の種鳩としての価値を、その実例をもって簡単に紹介しておこう。

〝エーンオーグ〟の直子〝７６９ホフケンス〟は、ヤン・グロンドラースの鳩舎で、１９６７年に優勝7回、2位4回という成績を挙げた。その直子であるB71－５１２７８１８は、１９７２年から１９７5年にかけて9回の優勝を飾っている。ベルギーで飛んだ史上最高の中距離鳩としばしば挙げられるのは、ホフケンスの〝ヘスキフト〟である。しかしこれは、他の鳩舎で〝ヘスキフト〟が作出を行っていたことに原因しているだけで、種鳩としてそこまで優秀な遺伝力を持っている訳ではなかった。

〝ヘスキフト〟が非常に良い鳩であったことに変わりはないが、他にももっと優れた鳩がいたのである。〝ヘスキフト〟は〝ドリーバンダー〟の孫であったが、彼の優勝回数はあまりにも少なかった。

ヤン・グロンドラースの屈指の銘鳩“ヘスキフト”

ホフケンスの鳩がもたらした栄光

ホフケンスの鳩で成功を収めたのは、グロンドラースだけではなかった。同じメルクスプラスに住むフェルヘイエンは、アムステルダムで行われたオリンピアードで、彼の〝メルクス〟の成績をもって敵味方全ての人々を驚かせた。この鳩もまた、純ホフ

フェルヘイエン＝Verheyen

フェルヘイエンの“メルクス”。この有名な鳩は、4年間で16回もの優勝を果たしている。ホフケンスの“ドリーバンダー”の孫である。フェルヘイエンは、ホフケンスの鳩で素晴らしい成績を収め、プラハでのオリンピアードでは、短距離クラスに2羽のベルギー代表鳩を送りだした。

ケンスで、〝ドリーバンダー〞の子孫である。〝メルクス〞B75－6506220は、4年間で16回優勝し、2位を7回獲得し、上位10％内の入賞は46回という素晴らしい成績を残した銘鳩である。

プラハのオリンピアードでは、スポーツ・クラスの3羽の入賞鳩の内、フェルヘイエンの鳩が2羽もいた。これらの鳩も、やはり〝ドリーバンダー〞の子孫であり、1羽は〝メルクス〞の孫B80－6480607であった。

ゼリックに住むメールトは、ホフケンスの鳩を使ってナショナルレースで優勝した。オレンに住むまだ若いヨハン・ファン・デル・ステレンにとって、彼が自分の鳩舎にホフケンスの鳩を手に入れた時、実際何が起こったのか、その状況をまだ理解出来ていなかった。彼は、隣の家に住むフォンス・ファンデ・ヴォーターの鳩引換券を購入していたのである。ファンデ・ヴォーターは、メルクスプラスのフェルヘイエンの鳩を飼っていた。ヨハンは、その鳩引換券で門外不出の最高の鳩を手に入れたのであった。この鳩は〝ドリーバンダー〞のラインで、一貫して上位入賞を果たし、その中にはモントバーンN4位、優勝がある。その後、このスーパー・レーサーは日本人に売却され、その翔歴を終えている。

そして日本では、ホフケンスの鳩は急激に有名になり、一流鳩舎やレースマン達から注目を浴びるようになった。ドイツでは、トニー・ファンラーフェンシュタイン鳩舎で、一大センセーションを巻き起こしている。ライカールトの鳩との交配により、ドイツ鳩界の最高峰に登りつめたのである。彼の最も優れた鳩の1羽〝デザトゥール〞は、優勝3回と8位までに11回の入賞を含み、3年間で33回も入賞している。彼の祖父は〝ヘスキフト〞の直子であった。

今日では、世界中でホフケンスの鳩は知られている。ヤンセンの血が生き続けるこの血統については、随分と書かれたり話されたりしてきた。しかし、このホフケンスの血統の構築のきっかけとなったのは、巻き毛のグストがフォンス・ヤンセンの〝黒豚〞を屠殺した事によって、ヤンセンという素晴らしい高貴な血筋が、彼の鳩舎に導入された事だったことは言うまでもない。

メールト＝Meert
ヨハン・ファンデル・ステレン＝Johan van der Sterren
フォンス・ファンデ・ヴォーター＝Fons van de Water

ヤンセン・ファミリー

父ヘンリー・ヤンセン

ヘンリー・ヤンセン（またの名を〝ドリークスケ・デ・パウ〟）は、今日のヤンセンにとって、全てのスタートとなった人間である。そして幸運にも、彼の息子達フォンス、アドリアーン、シャレル、そしてルイが、皆父親同様に鳩に没頭していた。もしそうでなかったら、ヤンセンの名声はこれほど大きくはならなかったはずである。

ヘンリーは1872年に生まれ、初めは病院の近くにある修道院に住んでいた。彼は、カナリアの飼育者として成功を収めた人物として書物にも書かれてきた。また、彼はカナリアの飼育で、近親交配を学び、それに卓越していた。こうやって彼が得た知識は、後に鳩の飼育に非常に役立ち、良い鳩を作出することが出来たのであろうと。

こういった言い伝えは、随分と大袈裟なものであると考えられる。真実は、ヘンリーがカナリアを飼っていたこと、また愛鳩家として成功を収めている間もカナリアを飼っていたということだけである。彼の息子達によれば、父ヘンリーはカナリアのように口笛を吹くのが上手かったという。笑い話ではあるが、彼がその口笛をカナリアから覚えたのか、カナリアが彼の口笛を覚えたのか、というほどだったそうである。彼は、カナリアと一緒に過ごすために、時を忘れていた。

1886年、ヘンリー・ヤンセンは既に、彼の最初の鳩を飼っていた。当時、彼は14歳だった。この歳で、既にカナリアでチャンピオンになっていたか、近親交配についての基礎概念や理論を学んでいたと仮定するのは、あまりにも出来すぎた話である。

彼が鳩レースを始めた当時、アーレンドンクにはまだ鳩レースのクラブはなかった。そこで、最初の内はアウデ・トゥルンホウトのクラブでレースに参加していた。持ち寄りには鳩を小型馬車に乗せて行ったのである。ヘンリーは、よくこの古き良き時代を懐かしんでいた。当時はいわゆる走り屋〝ランナー〟がいて、まるでリレー走者のように、我こそ先にと、帰還鳩のゴム輪を審査場まで届けていたのである。

ヘンリーがアウデ・トゥルンホウトでレースに参加したのは、2年間だけであった。その後、彼の働きかけで、アーレンドンクにも独自のクラブが生まれることになったのである。そしてヘンリーがそのクラブで、最初から素晴らしいレースマンであった事はよく知られている。

ヘンリーは、好んで他の鳩舎を訪問し、良い鳩を掴んでみるのが最も好きであった。第一次世界大戦前、彼はあちこちで鳩を手に入れたが、それは何時も隣近所の鳩舎からであった。そして、これらの鳩同士の交配で成功を収めていたのである。

1907年頃、真の〝卓越した鳩〟が彼の鳩舎で生まれた。それは灰の雌鳩で、1908年から1914年の間に約20回もの優勝を飾ったのである。そして第一次世界大戦の直後から、再びレースに参加するようになり、多大な成功を収めた。当時、レースの賞金として自転車が贈られていた。ヘンリーは、日曜日になると繰り返し3台もの自転車を獲得したのである。

その頃、ヘンリーが鳩にそういった成績を挙げさせるために、何か〝秘密の手段〟（ドーピング？）を使っているのではないかと疑われていた。特に、彼がオルレアンからのレースに2羽を投じて、優勝と2位を飾った時、こういった疑いはますます酷くなったのである。

ヘンリー・ヤンセンについての詳しい情報がほとんど無いということは、注目に値する。彼の事をよく知っていた人々でさえ、彼が物静かで控え目な、そして自然を愛する人間であったということ以外は何も語れないのである。

1920年代の終わり頃、一時的に彼の成績は少し下降線を辿っていた。しかし幸運にも丁度その頃

第二次世界大戦中のヘンリー・ヤンセン。彼は1949年に他界した。

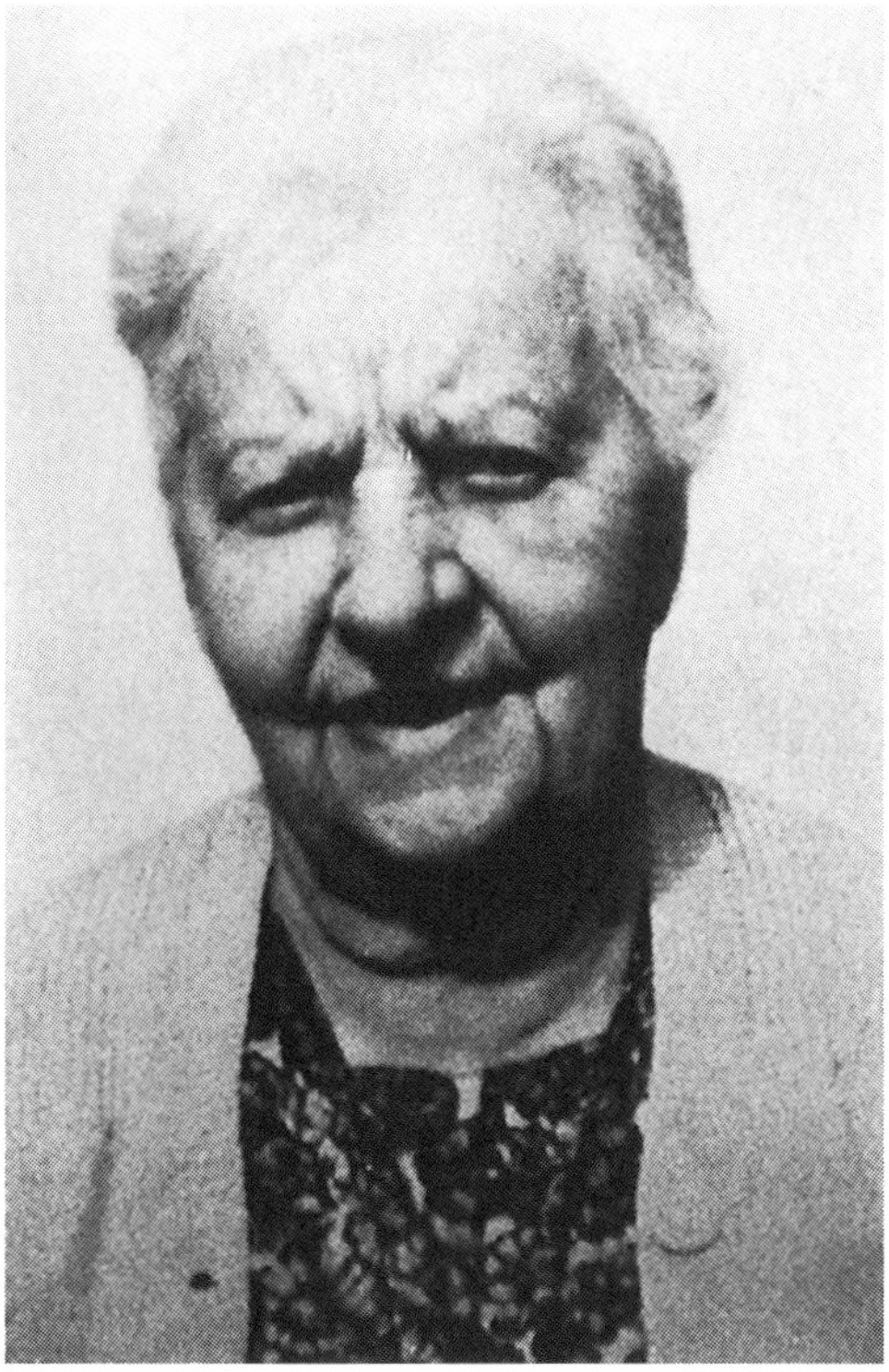

ヘンリーの妻ポーリン。夫より20年近くも長生きした。1967年、90歳という年で生涯を閉じた。

から、彼の息子達が鳩レースに猛然と関わりを持ち始めたのである。そして、スクーテルス鳩の導入も、ほぼ時を同じくしていた。この成績の下降は、スクーテルスの鳩の導入とその交配に、何故そこまで熱心に打ち込めたのかを裏付けている。

しかし、この低迷期は本当に短く、1930年に入ると、再び急カーブを辿って上昇しはじめた。たぶんこれは、アドリアーンとシャレルの鳩レースにおける著しい才能によるところが大きいと考えられる。彼らは、父親以上に鳩レースに熱狂的であり、衰えることを知らない闘争心を持っていた。父ヘンリーは、いつも鋭い目で鳩舎内の鳩を観察していた。彼の息子達アドリアーンとシャレルもそれを受け継ぎ、鳩舎内の出来事で、彼らの目を逃れたものは何もなかった。

ヘンリー・ヤンセンについては、彼が自然に逆らったことが大嫌いであったということがよく知られている。彼は、冬の巣引きとWシステムに反対していた。若鳩は2月末かそれ以降に作出されるべきであるという意見を持っていた。ヘンリーにとってWシステムは、弱者の破滅を意味していたのである。

1949年の死を迎えるまで、ヘンリーは自分の鳩がWシステムでレースするのを拒み続けた。超銘鳩と崇められた鳩達、即ち〝ラッペ〟、〝アウデ・ヴィットオーガー〟、〝ラウシュタールト〟、それに〝ヴォンダーフォスケ〟など、全てナチュラル・システムでそのセンセーショナルな勝利を獲得していたのである。全てにおいて、可能な限り自然に適ったやり方が採られた。鳩の嫉妬心を煽ったり、帰巣心を駆り立てたりしてレースを行うことなど、問題外であった。彼の息子たちは、Wシステムを採用するよう熱心に勧めていたが、父ヘンリーは断固として聞き入れようとはしなかった。

1940年代の終わりに近づく頃、それでも何とかWシステム用の鳩舎が建てられた。しかし、それが利用されるようになったのは、父ヘンリーが他界してからのことである。1951年、彼らは僅か5羽の選手鳩を使って用心深くWシステムを開始した。そして、この新しいシステムは、最初から彼らを最高に満足させたのである。しばらくの間は、ヤンセ

ラウシュタールト＝Rauwstaart
コース・デ・コールト＝Koos de Kort
グスチェ・スモルデル＝Gustje Smolders
ティルブルグ＝Tilburg
A. フェルミューレン＝A. Vermeulen
ケース・ノイエン＝Kees Noyen
ピート・コック＝Piet Kock

ンがWシステムでレースをしているという事は秘密にされていた。その事実がばれないようにする為にも、よく雌鳩もレースに参加させられていたのである。ライバルたちに、あたかもナチュラル・システムでレースをしているかの如く見せるためであった。もう一つの理由としては、今日でもヤンセンについてはよく知られているように、雌鳩でも好成績を収めていたからである。中には、Wシステムの雄鳩でも適わないほどの成績を挙げる雌鳩もいたのだ。

母ポーリン・ヤンセン

ヘンリー・ヤンセンの妻はポーリンという名であった。彼女は、90歳という高齢まで生きた女性である。彼女ほど愛情の深い、思いやりのある女性はなかなかいなかった、と言われている。彼女はいつも窓際に座っていた。その前を通り過ぎるのに、誰も言葉を交わさずにはいられなかったのである。

彼女の夫や息子達の鳩を手にいれようと客や友達がやってくると、彼女の掛け声一つでうまくいくことが多かった。家族全員が彼女を敬っていた。そして、もし母親ポーリンが、この客には良い鳩を出してあげなければと思えば、その客はそれを手に入れることが出来たのである。

フォンスは長男が故に、欲しい鳩は何でも父親から貰うことが出来た。しかし、父の死後はそれが著しく難しくなった。他の兄弟達が、フォンスが高価な鳩を気ままに人にあげたり、安く売ることを快く思っていなかったからである。ヤンセン兄弟達は、自分達の鳩を何時も非常に気を使って扱ってきた。遠慮なく誰にでも鳩をやってしまうというのは、彼らにとって許しがたいことだったのである。ヘンリーの死後は、フォンスが鳩を実家から持って行く事が出来きるのは、ヤンセン兄弟の母親の承諾があった時だけとなった。

ヨス・クラックもまた、母親ポーリンの発言力の重みについて、彼が初めてヤンセン鳩舎を訪問した時のことをはっきりと覚えている。『ヨスには良い鳩をやらなきゃダメだよ。彼の父さんは、昔からの良い友達だったんだから、ヨスとはちゃんとお付き合いしないといけないよ』。これはヨス・クラックが、はっきりと覚えている母親ポーリンの言葉である。彼らのヨス・クラックに対する待遇は、他のページでお分かりの通りである。

フォンス・ヤンセン

フォンスは、ヤンセン兄弟の長男であった。彼は1895年に生まれ、1922年に結婚した。彼が父親と共に鳩レースを始めたのは、14歳の時である。フォンスが、ヤンセン系確立において如何に重要な役割を果たしたかは、既に詳述した通りである。彼はキューレマンスの鳩とスクーテルスの鳩を導入した。そして、グスト・ホフケンスが勝ち得た名声も、フォンスによるものが大きいのである。

結婚後は、アーレンドンクにおけるレースには一切関わっていない。ただ定期的に鳩が交換されていただけである。フォンスはビールが大好きで、またよく旅行をしていた。彼は、鳩の品評会や授賞式の常連で、死ぬ間際まで、バールレ・ナッソウのチャンピオン・ディ（授賞式や品評会を兼ねた、地方の鳩飼いのお祭りパーティ）に出席しない年はなかった。バールレ・ナッソウに住むアドリアーン・ファン・ローンは、このような機会にフォンスと知り合いになり、栗の雄鳩を手に入れることになったのである。この鳩はちょっとした騒ぎを起こした。

チャームに住んでいたA・フェルミューレンは、この鳩の直子を手に入れたが、その鳩もまた大変素晴らしい直子を作出した。そのフェルミューレンは、脚環番号の下2桁が〝05〟という鳩を飼っていた。何人かしか脚環番号の下2桁が〝05〟という鳩を飼っている者はいなかった。

この〝05〟は、この地区に住む何千人という鳩飼いの脳裡に焼きついており、ある時この鳩の子孫の1羽が、同じチャームに住むフェルヘイエン鳩舎のおいて、オルレアンからのナショナルレースに優勝した。それは息苦しいほどの暑さと、向かい風のレースであった。この鳩は、6万羽中最高分速をマークし、日本人のフジイ氏に買い取られる事となった。日本においても、この鳩はナショナルレースで

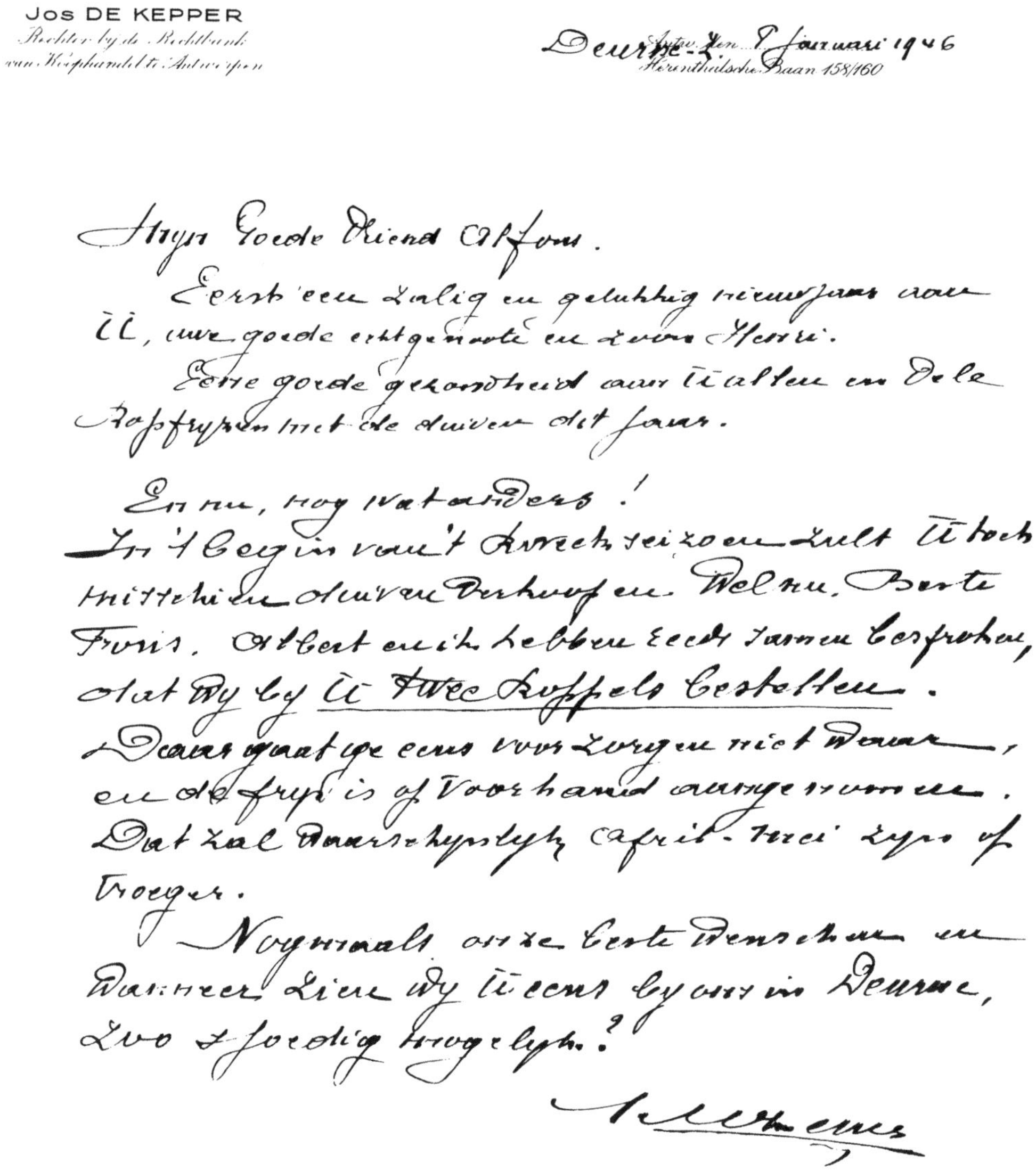

Jos DE KEPPER
Rechter bij de Rechtbank
van Koophandel te Antwerpen

Deurne-2, den 8 Januari 1946
Herenthalsche Baan 158/160

Mijn Goede Vriend Alfons.

Eerst een zalig en gelukkig nieuwjaar aan U, uwe goede echtgenoote en zoon Henri.

Eene goede gezondheid aan U allen en vele prijzen met de duiven dit jaar.

En nu, nog wat anders!
In 't begin van 't kweekseizoen zult U toch misschien duiven verkoopen. Welnu, beste Fons, Albert en ik hebben reeds samen besproken, dat wij bij U twee koppels bestellen.
Daar gaat ge eens voor zorgen niet waar, en de prijs is op voorhand aangenomen.
Dat zal waarschijnlijk Februari-Maart zijn of vroeger.

Nogmaals onze beste wenschen en wanneer zien wij U eens bij ons in Deurne, zoo 't zondag mogelijk?

[illegible]

ドイルネのド・ケーパーは、フォンス・ヤンセンの鳩で大変な成功を収めた。
1946年1月8日に彼はこのような手紙をフォンスに送っている。

『君は作出シーズンの前にもっと鳩を売ったらどうだろう。親愛なるフォンス！ アルベルト（ド・ケーパーの息子）と私は、君に2ペアの鳩を注文することにしたよ。考えてみてくれないか？ 値段はそちらの言い値で結構だ………』。

の総合優勝鳩を作出したとの情報がある。

フェルミューレンは、この〝05〟をウルフェンホウトのコース・デ・コールトの雄鳩とフェルミューレンの義兄弟であるアルフェンのスターベル兄弟の雌鳩のペアから作出した。デ・コールトが作出した〝05〟の父親は、………彼がヤンセン兄弟から購入した鳩の直子なのである。

ティルブルクに住むケース・ノイエンは、フェルミューレンから〝05〟とヤンセン系の〝ロード・ファン・ローン〟の子孫を手に入れた。彼は、これらの鳩にアルフェンのグスチェ・スモルデルの鳩を交配した。その直系を飛ばしたノイエンは、しばらくの間、ティルブルクで負け知らずになっていた。

1976年にこの交配から出た1羽の雌鳩〝12ーダィフ〟は特に傑出したレーサーで、万羽レースで最高分速をマークしたことが何回もあったのである。〝28〟も同様な鳩で、やはりセンセーションを巻き起こした。ノイエンの鳩の多くは、同じ村の友達であるレームレア鳩舎によって導入されたが、彼もまた、70年代後半には最も秀でた鳩舎として広く知られるようになっていた。

フォンス・ヤンセンの栗の血筋は、ヒルゼのピート・コックにも流れ、1981年と1982年に彼はその地区での最優秀鳩舎になった。（ファン・ローン、フェルミューレン、ケース・ノイエン経由）

また、デュルネに住んでいた有名なド・ケッペルも、フォンス・ヤンセンの鳩で大変な成功を収めていた。彼の手紙の中から少し引用してみよう。

『さて他でもないが、君は作出シーズンの前にもっと鳩を売ったらどうだろう。親愛なるフォンス！アルベルト（ド・ケーパーの息子）と私は、君に2ペアの鳩を注文することにしたよ。考えてみてくれないか？　値段はそちらの言い値で結構だ………』。ヨス・ド・ケーパーは、1946年1月8日にドイルネからこのように書き送っている。この手紙がすべてを物語っているであろう。

フランス・ヤンセン

彼は、ヤンセン兄弟の内でもあまり有名にならなかった方の一員である。それは、彼もフォンス同様に両親の実家を出て結婚してしまったからである。フランスは、生涯をアーレンドンクの町で過ごし、死ぬ直前まで鳩レースに参加し、素晴らしい活躍をしていた。

『フランスは、競争相手にレースの賭金を持っていかれるようなことはなかった』とルイは言う。シャレルがまだ子供だった頃、彼はその兄と何回か一緒にレースに参加したことがあった。しかし、フランスは、持ち寄りパブで良い鳩がいると、酒の勢いにまかせてすぐに鳩を他人にあげてしまうような人だった。それはエスカレートし、終いにはシャレルも見るに耐えられなくなり、両親の許で1人でレースをするようになったのである。

フランスはルイと同じく、長い間ダイヤモンドの研磨を職業としていた。彼は主に、アーレンドンクの実家の鳩と兄フォンスの鳩で成功を収めていた。そして、ファン・クラーネンドンクという人物の素晴らしい鳩も飼っていたようである。

ルイ・ファン・ローンは、彼の最初の大きな成功は、ヤンセン・ピジョンで獲得したのだといつも語っていた。ヤンセン兄弟達によると、その鳩はフランスが作出したとのことである。いずれにせよ、素晴らしい鳩であった。何故ならファン・ローンが、長年にわたりポッペルで挙げた成績は、信じられないほどだったからである。また、ファン・ローンの鳩で立派な成績を挙げた鳩舎の数も膨大である。

ここで、トゥルンホウトに住んでいたポール・ボルグマンと、彼の息子マルセルの名を挙げておこう。彼らはノヨンからのレースに参加し、トゥルンホウトで優勝から10位までを独占したことがある。それらは、純ファン・ローンの鳩であった。

ヘーシュに住むアントン・ファン・ハーレンが持っていた最高の鳩もやはりルイ・ファン・ローンの鳩であった。彼の持っている豪華な山荘は、この素晴らしいレーサーに因んで、〝ド・スカーリー〟と名づけられている。

ベルギー、オランダ両国のリンブルク州には、ファン・ローンの鳩でセンセーションを巻き起こした鳩舎が今日も沢山いる。ニールのコックス鳩舎、ゼ

ファン・クラーネンドンク＝Van Craenendonk
ポール・ボルグマン＝Pol Borgmans
アントン・ファン・ハーレン＝Anton van Haaren

レムのド・ヴィット鳩舎、それにポッペルからほど近いゴールに住むニール・デ・フォルダーなどは、ファン・ローンの鳩によって、中部ブラバン地方の代表的存在となった鳩舎である。ファン・ローンの残したその成功の足跡は、後に息子のアドによって継承された。

オランダ最高のチャンピオンの1人に、リールに住むヤン・ゾンチェンスがいる。彼の名声は、デ・フォルダーと、同じゴールのフェルホーフェン鳩舎の鳩によるところが一部ある。フェルホーフェンは、主にヤンセン・ピジョンでレースを行っていた。

1970年代、ヤン・ゾンチェンスはある種鳩ペアを飼っていたが、このペアはチャンピオン鳩ばかりを作出していた。そのペアの雄鳩はフェルホーフェンの鳩、また雌はデ・フォルダーの鳩であった。有名なゾンチェンスの鳩には、優秀なヤンセンの血が流れており、そのゾンチェンスの鳩で大きな成功を挙げた鳩舎が数多くいる、ということも一般的によく知られている。日本のチャンピオンであるモリサワ氏は、この点についてよく知っている。

当時、日本であまり知られていなかったゾンチェンスの鳩を、私の助言によって導入したのが彼である。それらは、彼がそれまでに買った鳩の中でも最高の鳩であった。ゾンチェンスの鳩の子孫は、日本で数々の優勝を獲得した。そしてモリサワ氏は、彼に素晴らしい成功を導いた鳩を供給してくれた鳩舎を毎年必ず訪問している。

セント・オーデロードに住むファン・ボクスメール兄弟、ブレダのライケン、フォッセラールのファン・デル・サンデ、ライエンに住むド・ホーフ、カーツヒューフェルに住むセーフェフェライン、それにティルブルクに住むスターベルといった多くのレースマンのほとんどは、ゾンチェンスのペンシルや刺しの鳩で素晴らしい成功を収めているのである。そして彼らが飛ばした鳩には、ゴールのフェルホーフェンとデ・フォルダーを経由して、ヤンセンの血が脈々と流れている。

他にもゾンチェンスの鳩で成功した人物がいる。それは、ヤン・ゾンチェンスの息子ヴァル・ゾンチェンスである。彼の場合、欲しい鳩がいれば何時で

ヤン・ゾンチェンス＝Jan Zoontjens
ファン・ボクスメール＝Van Boxmeer

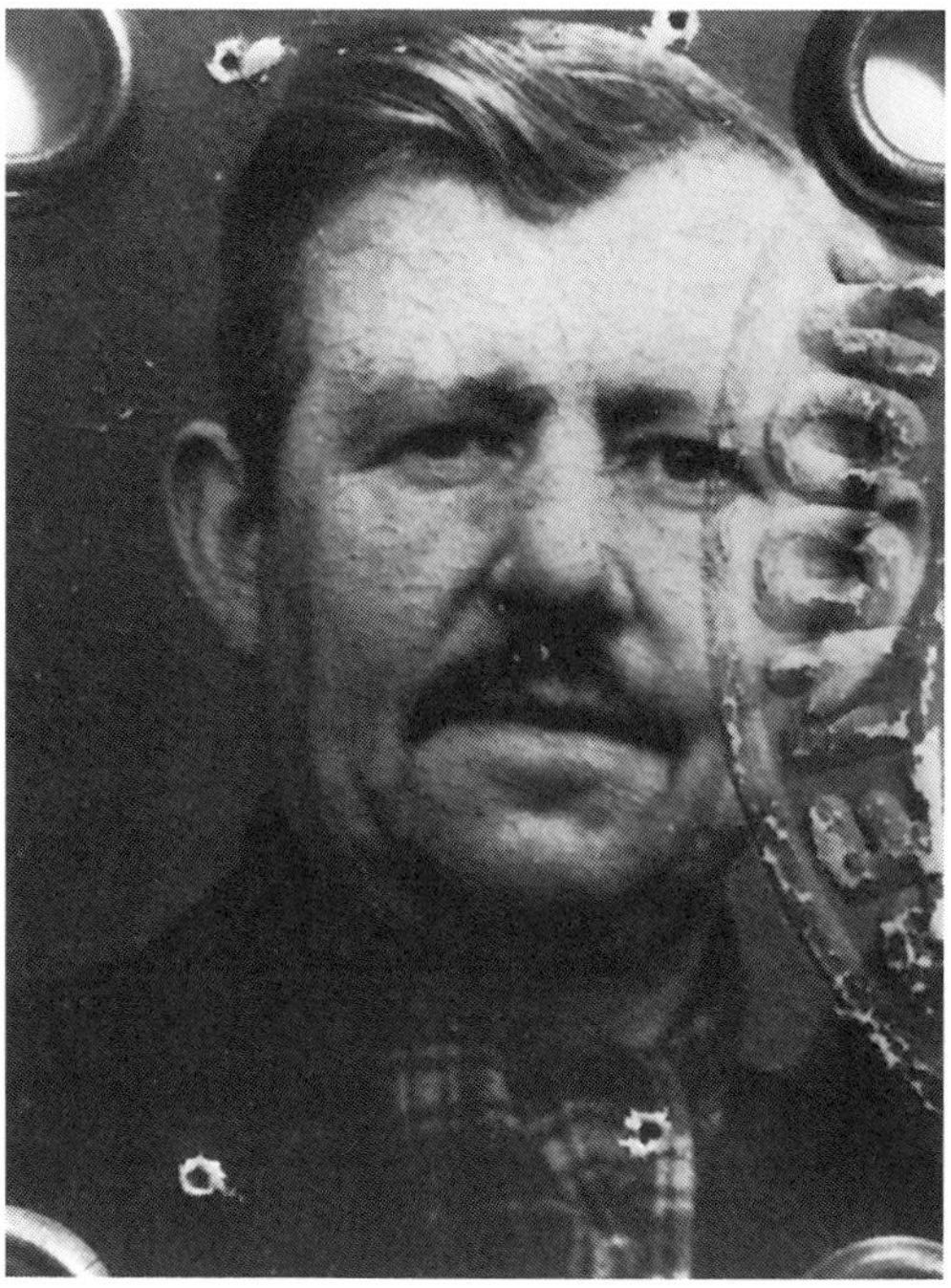

フランス・ヤンセン。古いパスポートの写真である。

“鳩時計の男”ジェフ。彼はレースの後、クラブハウスに時計を持って行った。

も父親からを貰うことが出来た。それによって彼も有名鳩舎の一人となったのである。ヴィルは、1983年にブールジュ優勝、2、3位という成績を残したが、未だかつてブールジュでこのような成績を挙げた者は彼以外いない。

ディーヘムに住むG．ファン・ケルクホーフェンもまた、ポッペルに足を運んだ男である。彼は、ルイ・ファン・ローンから何羽かの鳩を購入し、1981年にはブールジュからのレースで、15150羽中優勝、2位を飾ったのである。優勝鳩は純ファン・ローンで、2位鳩は1／2ファン・ローンであった。英国のプラネット兄弟もファン・ローンから直接鳩を導入している。その後彼らの鳩舎では、優勝鳩が優勝鳩を繰り返し作出し続け、センセーションを巻き起こしたのである。

1982年、フランス・ヤンセンは他界した。イルマとアドリアーンの死後間もなくのことであった。

ジェフ・ヤンセン

ジェフは、1902年に生まれた。この本を編集している現在では、彼がヤンセン兄弟の最年長者である。親しい客にとっては、彼を抜きにしてヤンセン・ファミリーを語ること出来ないが、父親や他の兄弟達のように〝鳩と共に生きる〟といったような人物ではなかった。随分昔のことであるが、彼も一応自分の鳩を飼っていた。しかし今では、鳩がレースから帰って来るのを見守っているだけである。ジェフは鳩の掴み方も知ってはいるが、父親やフランス、アドリアーン、フォンス、それにシャレルのように熱中してはいなかった。

彼が鳩舎に入ることはほとんどない。だから、彼に鳩の血統について聞くべきではない。ジェフは、鳩の血統については何も知らないのである。それでも彼は、鳩を飼育するファミリーには欠くことのできない存在であった。

彼は、使い走りや雑用を受け持っている。鳩の持ち寄りに行ったり、時計の規正にも行く。人々がそういった彼のことをよく知っているというのは、別に驚くほどの事ではない。ジェフは社交的な人間で

プラネット兄弟＝Planet Brothers

イルマ。他の兄弟達と同じように結婚しなかった。彼女は死ぬ間際まで、ヤンセン・ファミリーの幸福と苦難を気づかっていた。

全盛期のアドリアーン

あった。彼の機嫌が悪いのを見た人間はいないし、客に対して親しげに言葉を掛けるのであった。

彼は以前、ブラーデルのド・フリースと共に葉巻作りの仕事をしていた。ヤンセン一家の生活は、それこそ葉巻、ダイヤモンド、鳩以外には何もないと言ってよいだろう。

ジェフは、彼の年のわりには驚くほど若い。それは、彼が犬と一緒に毎日の散歩をし、コンディションを整えていることに秘密があるのかもしれない。

ジェフがやっていたような仕事や持ち寄りを見下げるような者は誰もいなかった。昔は、レースに参加する為に、フォッセラールやヘレンタル、或いは他の場所へ鳩を持ち寄るために自転車で走らなければならないことが多かった。たとえジェフが本当の意味で愛鳩家でなかったにせよ、彼は一家の中で自分の役割があり、稼ぎも確保していた。

彼が鳩に関心を持たなかったことは、あまり意味を持たない。ジェフは、鳩以外についての話題にはよく加わった。但し、ご承知のように鳩以外の会話といったものは、ヤンセン家ではほとんどなかったのである。

ヴィック・ヤンセン

ヴィックは、ただの一度も鳩の世話をしたことがないヤンセン兄弟の一人である。彼は1905年に生まれたが、このファミリーの鳩レースでの活動と、それに伴なう名声に関わりを持ったことは一切ない。

彼も結婚していなかった。彼が唯一興味をそそられるはサッカーと小さな鳥だけであった。

イルマ・ヤンセン

イルマも結婚をしなかった。まるで母親が子供たちを世話するように、兄弟達を世話し続けたヤンセン兄弟中の姉妹である。それは彼女が死ぬまで続いた。彼女は大変親しみやすく、また人となりが立派であった。

彼女にとって、鳩が厄介なものであったこと一度もない。この生粋の鳩一家で起こる全てのことに理

フォッセラール＝Vosselaar
ヘレンタル＝Herentals

certain pigeons.

Wij leven en wij sterven voor God.

†

Gedenk in uw gebed
en Eucharistieviering
De Heer

Adriaan JANSSEN

Lid van de Duivenbond Arendonk.

Geboren te Arendonk
op 21 november 1906
en godvruchtig overleden te Arendonk
op 4 maart 1981,
voorzien van het Sakrament
van de Ziekenzalving.

His departure, so soon after their caring sister, must be very painful in this family which has stayed together for so many years.

No Adriaan Janssen in pigeon-racing means a great deal for his many friends.

But the admiration will always be for this fine connoisseur, who is at the base of many super pigeons over the whole world.

Irma, Frans and Adriaan died shortly after one another. The text on Adriaan's "In Memoriam" card is significant.

イルマ、フォンス、そしてアドリアーンは、短期間に次から次へとこの世を去った。
アドリアーンの追悼カードの一節には意味深いものがある。

シャレルとアドリアーン。数十年間、彼らはヤンセン鳩舎の"ロフト・マネジャー"であった。
彼らのトレードマークである独特の帽子とダストコートに注目して頂きたい。

解を示し、うんざりするほど多くの来客をも決して敬遠することはなかった。それどころか、常に鳩に囲まれた生活をしている彼女にとって、そういった来客はひとつの気分転換にもなっていたのであった。イルマは1909年に生まれ、長い闘病生活の後、1981年にその生涯を閉じた。

アドリアーン・ヤンセン

ヤンセン一家にとって、アドリアーンの存在価値というものは算定しがたいものがある。彼は、幼少の頃から深く鳩に関わってきた。鳩の世話のほとんどは彼がやった、と言っても過言ではない。

『アドリアーンは、いつもナチュラルの鳩だけを飼育し世話していた』とルイは言う。ヤンセン兄弟達が、昔はナチュラル・システムだけでレースに参加し、現在でもそれが続けられていることを考えれば、この言葉が意味するところも想像がつく。

また、アドリアーンは人柄も良かった。彼は商売に関わったことはなく、彼がいつも気に掛けていたのは唯一、良い鳩を作出すること、そして鳩を健康に保つことであった。

彼はあまりにもおとなしい性格で、商売的なことには向いていなかった。彼はまた、あまり喋らない。もし彼が口を開いても、よく耳を澄まして聞かないと、何を言っているのか聞き取れないのである。

ここでもう一度、このヤンセン兄弟が、いかに完璧にお互いに協力し、助け合ったかを理解しておかなくてはならない。フォンスが鳩を導入し、シャレルとアドリアーンが鳩の管理を受け持ち、ジェフが動き廻る役割を担当し、そしてルイが鳩舎原簿の管理していたのである。アドリアーンの死後、ルイとシャレルは悲しげによくこの兄弟のことを話しては、頭を抱えていた。

『アドリアーンは、一体これをどうやっていたんだろう？』

1983年の夏にヤンセン家で見た光景は、実に面白かった。シャレルが巣皿のヒナに脚環をはめなければならなかったのだが、彼はすごく不器用だったので、これを本当に嫌っていた。

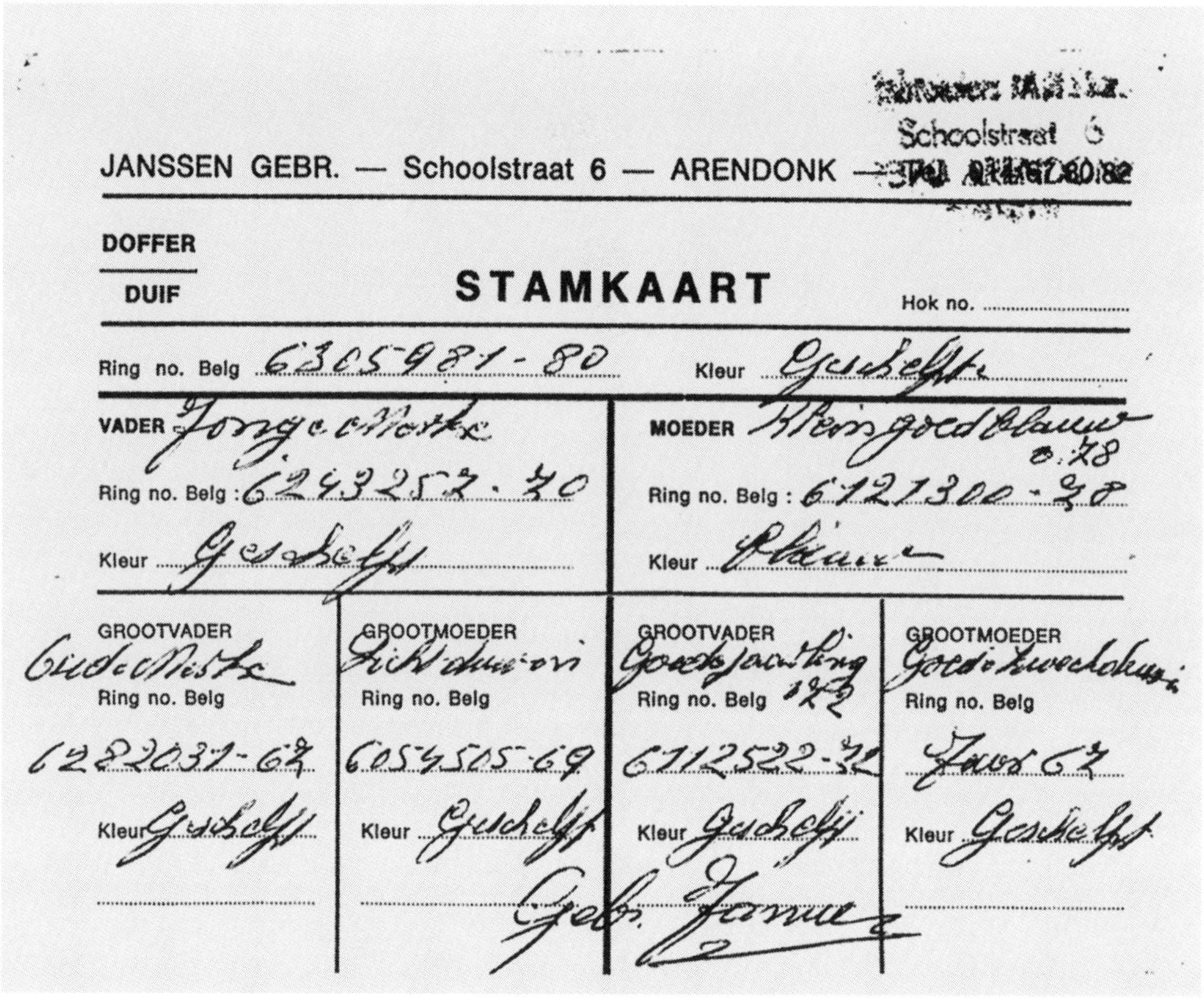

JANSSEN GEBR. — Schoolstraat 6 — ARENDONK — Tel. ...

Schoolstraat 6

DOFFER

DUIF

STAMKAART

Hok no. ....

Ring no. Belg 6305981-80 Kleur Geschelpt

VADER Jonge Merkx	MOEDER Klein goed blauw 0:78
Ring no. Belg : 6243252-70	Ring no. Belg : 6121300-78
Kleur Geschelpt	Kleur Blauw

GROOTVADER	GROOTMOEDER	GROOTVADER	GROOTMOEDER
Oude Merkx	Licht duivin	Goede jaarling 172	Goede kweekduivin
Ring no. Belg 6282031-67	Ring no. Belg 6054505-69	Ring no. Belg 6712522-72	Ring no. Belg Zwart 67
Kleur Geschelpt	Kleur Geschelpt	Kleur Geschelpt	Kleur Geschelpt

Gebr. Janssen

近年になってやっと使われ始めたシンプルな血統書用紙。ヤンセン兄弟は馬鹿馬鹿しいと思うのだが、特にドイツのバイヤー達が詳しく書いた血統書を欲しがる。

血統書を記入するのは、ルイの役割だが、彼はこの血統書のカードを記入する事が本当に嫌いである。『あの人達は、一体何が欲しいんだ？　ウチの鳩なのか、それとも血統書なのか？』。そんな言葉をよく漏らしている。

『ヒナの脚環挿入は、ずっとアドリアーンの仕事だったんだよ』とシャレルは言う。ヤンセン兄弟の役割分担は、正にこういったとおりであることが想像できるであろう。

全ての情報は、アドリアーンの頭の中に入っていた。特に血統に関しては、彼の記憶に頼るしかなかったのである。彼らは、鳩を売りたがる鳩舎がよくやるような文書記録の保管などは一切していなかった。彼らはまた、大きな見出しで鳩の値打ちを宣伝するようなことが記されているような血統書用紙も持っていない。ごく簡単な血統書用紙が印刷されたのは、ずっと後になってからのことである。特に、ドイツからやって来た鳩のバイヤー達が詳しく書いた血統書を欲しがったからである。

ルイは、この血統書のカードを記入する事が本当に嫌いであった。それでよく言ったものである。

『あの人達は、一体何が欲しいんだ？　ウチの鳩なのか、それとも血統書なのか？　もし鳩が欲しいなら黙って持って行けばいいんだ。そうでなければ、何処か他で、もっと良い血統書を詳しく書いてくれる人の所の鳩を買えばいいんだ』。そう言って、最後の方はいつも皮肉っぽい口調になるのである。

それでも結局は、渋々その血統書用紙に記入を済ませた。しかし一般的に、文書記録というものが全くなかったと考えるのも誤りである。全レース成績は几帳面に記録され、保存されていた。若鳩の脚環番号や若鳩の購入者の名前なども、同じように特別な鳩舎原簿に全て記入されて管理されていたのである。これらは全て、ルイの役目であった。

賭金の収入と支出の記録も重要であった。その記録は、ヤンセンが賭金を失ったレースがそう多くはないことを示しているはずである。

アーレンドンクでは、他の地域のクラブほど多額の金を賭ける者がいなかった。その理由は、そこでヤンセン兄弟がレースに参加していたからである。アーレンドンクのレースマンの中には、他の地域のクラブに入ったり、中距離レースにジャンプする人々がいた。なぜなら、ノヨンからのレースでヤンセン兄弟を相手に戦いたくなかったからである。

最近、ゴールのチャンピオン鳩舎であるアルベルト&シェフ・フェルホーベンが、ふざけてヤンセン兄弟の家へ行く道順を尋ねた。

あるアーレンドンクの古老は、彼らの案内をしながら、話し始めた。それは長い話であったが、最後にこう言ったのである。

『アーレンドンクには、あえてヤンセン兄弟に対抗して金を賭ける人間などいないよ。誰一人として、彼らと戦って無傷ではいられないのだから』。

ヤンセン兄弟の文書記録がなぜそんな簡単にしか書かれていないのか。その理由の一つは、アドリアーンが何でも知っていたからである。実際にそうであった。アドリアーンに絶対確かな記憶があるからこそ、詳しい文書記録など必要なかったのである。

このおとなしい男の生命は燃え尽きるロウソクの炎のように消えて終わった。彼の体に生命の灯が宿っていた最後の日、彼はずっと長椅子に横になり、時々身体を起こすといった具合であった。

今でも、アドリアーンが1羽の鳩の血統の細かい部分に至るまでの記憶を辿り、じっと黙想している様子を目に浮かべることがある。もし訪問客が、ある1羽の鳩についてもっと詳しく知りたいと言った時には、アドリアーンに聞いてくれ、と言うのが兄弟達にとって一番簡単で楽であった。だから彼の死は、シャレルとルイに頻繁に大きなトラブルをもたらしたのである。

アドリアーンは1906年に生まれ、長い間デフィッセルの煙草工場で働いていたが、晩年はアーレンドンクにあるカレルIという煙草工場が彼の仕事場となった。

アドリアーンは、彼の姉イルマの死を乗り越えることが出来なかった。もし彼女の名前が話に出ると、気弱になっていたアドリアーンの目には、涙が溢れ出したのであった。姉の死から1年と経たない内に、この偉大な愛鳩家もまた永遠の眠りについたのであった。彼の意識は、死ぬ間際まではっきりとしていた。死ぬ前の数日間、彼はティーカップも手に持つのが大変なほど手が震えていたが、それでも彼の唇は鳩の血統についてずっと呟いていた。私は、そんな彼を本当に素晴らしいと思う。

彼が訪問客との会話に自分から入ってくることは、

ほとんどなかった。彼はただ話を聞いているだけで、決まった時間になるとまるで自分の子供達のように思っている鳩の世話をしに行ってしまうのであった。

私が初めてヤンセン兄弟を訪問した時のことは、今でもはっきり覚えている。昔からヤンセン家に出入りしていたヘンク・ファン・ボクステルと共に訪問し、私たちはアドリアーンに連れられて、3人で種鳩鳩舎の前に立ったのであった。その時、アドリアーンは彼の震える手で1羽の鳩を指差しつぶやいたのである。『あれがウチのスケルペだよ』。

これだけが、何も質問しないうちに彼が自ら発した唯一の言葉であった。〝スケルペ〟について何かが語られる訳でもなかった。この鳩の偉業であるとか、種鳩として価値であるとか……。アドリアーンが、『この鳩がスケルペだ』と言えば、それが訪問客にとって意味あることなのである。彼にしてみれば、精一杯の気持ちを表しているのである。たとえ外見ではそう思えなくても、彼は類まれな鳩のエキスパートなのである。自分の考えをすぐにペラペラ喋る者、或いはものすごい勉強家で知識だけは持っている者が、鳩レースの世界では立派だとは誰も思わない。アドリアーンは、そのどちらにも属さない天性の愛好家であった。

シャレル・ヤンセン

シャレルは、1913年に生まれた。そしてもう物心付いた頃から、既に鳩に対する情熱を持ち始めていた。10代の頃には、兄フランスと一緒にレースをしていた。また短期間ではあったが、自分ひとりでレースをやったこともある。

ヤンセン・ピジョンが有名になって以来、鳩の管理において、シャレルとアドリアーンが一番大きい部分を占めて主導権を握ってきた。1981年にアドリアーンが亡くなってからは、シャレルが1人2役をこなさなければならなくなった。必要とあればルイが助けた。また友人のセリル・ヤコブスも時々手伝いに来てくれた。それは現在も変わらない。

シャレルの生涯は、鳩によって支配されていたと言っても過言ではない。彼は気が狂ったように、徹

スケルペ＝Scherpe
セリル・ヤコブス＝Cyriel Jacobs

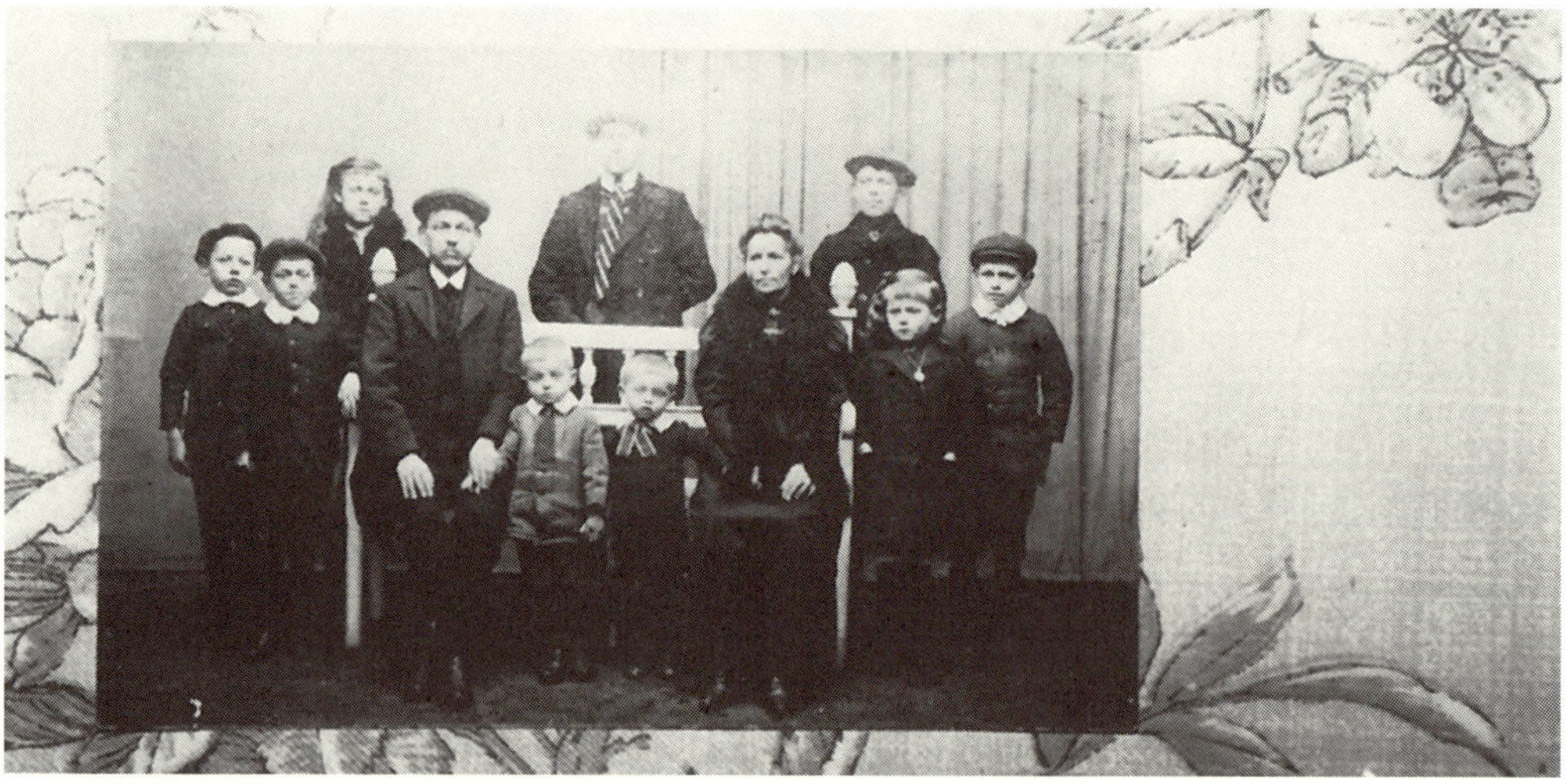

20世紀初頭のヤンセン・ファミリー

初めて聖餐式を受けた時のシャレルとルイ

底的に鳩舎を掃除する。早朝から夜遅くまで、彼の仕事は鳩達が決めているようなものである。彼は、1日3回天気予報に耳を傾ける。『舎外は出来る天気かどうか？　週末の天気はどうだろう？　風はどちらの方角から吹いているだろう？』。これらはシャレルにとって、最も重要なことなのである。日曜日は必ず優勝する、という彼の願望は少年時代から全く変わっていない。入舎が悪いとイライラし、期待していた若鳩が失踪すると機嫌が悪い。

彼は70歳という年齢で、羨ましいほどのバイタリティに溢れている。彼の鋭い目は、生まれたばかりの赤ん坊のように輝き、足取りもしっかりとしている。彼の年齢からは考えられないほど健康で、まるで猫のようにしなやかな足取りで階段を昇り降りするのである。

シャレルは、出来の良い素晴らしい若鳩がいると、それを自慢気に見せてくれるのだが、それはまるで熟練の職人が、自分で作り上げた作品を自慢するかのようであった。

彼の仲の良い友達に、自慢の素晴らしい鳩を見せて、彼らが驚く様を誇らしげな眼差しで眺めることが楽しみであった。そのために鳩舎に上がって鳩をつかんで来ることを、彼は決して面倒がったりしなかった。

シャレルは、餌の質には最も拘っていた。シャレルが鳩の管理に携わっている限り（これは勿論、アドリアーンについても同じである）、彼は可能な限り細心の注意を払っていたのである。シャレルとアドリアーンの2人は他の誰よりも、レースで勝利を勝ち取る為には、鳩質だけでは充分ではないことがよく分かっていた。鳩の健康状態は絶対的な前提条件であり、この健康が良過ぎるということは決してないのである。健康の為とあれば、シャレルは如何なることでもやった。その為に、1日に何度も鳩舎を掃除し、毎週床をブラシでごしごしと洗い、そして懸命に掃除機をかけた。

天気の悪い日には、決して舎外はせず、また訓練もしなかった。レースで遅く帰還した鳩といえども、単純にその運命を決める事なく、まるでその鳩が優勝したかのように大事にした。

義兄弟のティスト・エイセンと妻マリー・ヤンセン。
アーレンドンクでのティスト・エイセンは、数年間、
ヤンセン・ピジョンで素晴らしい成績を収めた。

シャレルは、如何にして鳩を最高に状態にまで持っていくかを知っていた。それは、決して誰も真似ることは出来なかった。彼は更に、自分のモチベーションを鳩に乗り移らせることが出来た。出来る限り勝てる可能性を持って日曜日のレースに臨むべく、シャレルはあらゆる手段を講じたのである。過去50年来、ヤンセン・ファミリーにとって、レースにおける成功が最も重要なことであるが故に出来たことであり、それは今日も変わってはいない。

マリー・ヤンセン

マリーは、ヘンリー・ヤンセンのもう1人の娘である。姉イルマとは対照的に、彼女は結婚した。彼女の夫はティスト・エイセンである。ティストは、その生涯を通して優れたレースマンであり、他の何者でもなかった。第二次世界大戦前とその直後、彼は義兄弟（ヤンセン）鳩舎にとって、最大のライバルだった。しかしエイセンは、ヤンセン兄弟のように長年にわたって、その地の鳩レースを支配するようなことは出来なかった。

ティストもまた、ヤンセン兄弟と同血統鳩でレースをしていたので、彼の鳩を欲しがる者が多かった。彼はきっと、義理の兄弟フォンスよりも多くの鳩を売ったしまったのではないだろうか。フォンスは、誰にでもすぐに良い鳩をあげてしまっていたが、遺伝力の強い基本的なラインだけは出て行かないよう気をつけていた。

ルイ・ヤンセン

ルイが生まれたのは、1912年のことである。彼は、20年間ダイヤモンドの研磨を職業としていたが、後にはしばらくの間カレルIの煙草工場で働いたこともある。そう、彼は葉巻の製造者でもあった。ルイは、この生粋の鳩一家の中でも独特の役割を果たしていた。彼は、全てを彼の父親や兄弟のシャレルとアドリアーンに任せており、鳩をどう交配するか、どのようにレースに送り出すか、どれだけ金を賭けるか、といったようなことについては、決し

ある鳩の血統を調べるルイ・ヤンセン。ヤンセン兄弟のロフト・ブック（鳩舎原簿）は、市販のノートを包装紙でカバーして作られている。このロフト・ブックの中には、ヤンセン100年の歴史がビッシリと詰まっている。

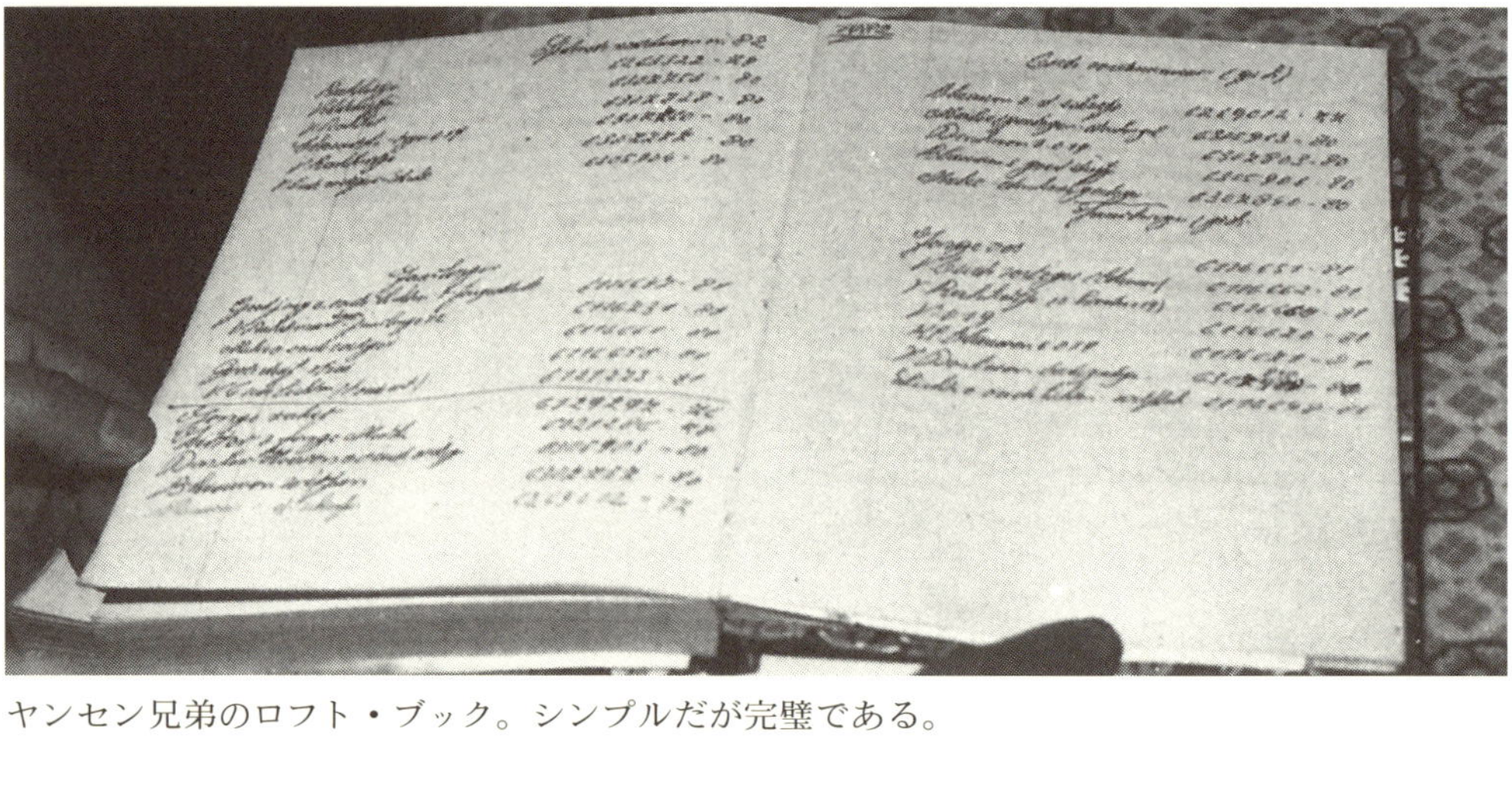

ヤンセン兄弟のロフト・ブック。シンプルだが完璧である。

て関わりを持たなかったのである。

それでも父親や兄弟達が何を考え何をやろうとしているのか、全て正確に理解していた。自分の言うべき意見はちゃんと言い、それはまた、最も正しい意見だったのである。

私は、アドリアーンがトゥルンホウトで11羽の鳩を参加させた時のことについてよく覚えている。ベルギーやオランダでは、レースに11羽の鳩を参加させるというのは、縁起が悪い数とされている。なぜならば、11番目にマークされる鳩は、10羽1組のシリーズから外されてしまうからである。だからこの時ルイは、アドリアーンがどの鳩を11番目に据えるのか、好奇心を持って見ていた。

アドリアーンが、〝ブラウヴェ〟を11番目に（つまり一番下位にマーク）据えると答えた時、それに対してルイは猛然と反発した。『アドリアーン、それはおかしいよ。その鳩は間違いなくこの日曜日に優勝するよ！』

しかしその時はもう、審査（賭金）用紙を書き直すには遅過ぎた。そして、結果はご想像の通りである。〝ブラウヴェ〟は優勝してしまった！

この鳩は、1歳鳩で一番子のヒナを抱いていた。ルイは、1週間の間ずっとこの鳩を観察し続けて、この結論に確信を持っていたのである。即ち、たとえルイの役割が鳩舎内にないからといった、鳩舎内での出来事全てがルイの視野の外にあると仮定することからして間違っているのである。

彼の役割は、鳩舎原簿の記録と管理である。彼はたえず、どの若鳩がどのペアから作出されたかを記録していた。レース結果や特に賭金の収入と支出なども、ルイによって記録されたのである。他へ売られていった鳩についても、その買い手の名前と住所が記載されていた。特にこの買い手の名前と住所を記録しておくことは、非常に役に立っていた。例えば、『全鳩ヤンセン・ピジョン！』などという謳い文句で、雑誌や新聞に広告を出しておきながら、実際にはただの1羽か、または1羽もヤンセン兄弟から鳩を買ったことのない愛鳩家を懲らしめる時に役に立つのである。

シャレルとアドリアーンは、決して鳩舎原簿の記

ブラウヴェ＝Blauwe

ジェフ　　イルマ　アドリアーン　ルイ　シャレル　と　ヴィック

帳に手出ししようとはしなかった。彼らは全てがきっちりと記帳されている事を知っていたからである。それはルイが、ナチュラル・システムの鳩とWシステム鳩の管理をそれぞれアドリアーンとシャレルに委ねているのと同じであった。

ヤンセン・ファミリーにおいて、役割分担は当たり前のことだったのである。誰が鳩を籠に詰めこむか？　誰がヒナ鳩に脚環を入れるのか？　誰がレース成績を記録するのか？　これがヤンセン一家では問題になったことは一度もなかった。誰もが自分の役割と義務を知っていた。このようなことは議論の対象ではなかったのである。

ルイは、ヤンセン・ファミリーの渉外担当者でもあった。数多い訪問者を迎えるのはまず彼であった。世界的に有名な鳩舎にしては、不思議なことに滅多に来ない報道関係者が来た時も、ルイが対応してきたのである。

しかし、この報道関係者の訪問が少ないのはそれほど不思議なことでもなかった。なぜならば、そういった記者の中には、記事を書くことに対する報酬として、若鳩とか少なくとも卵を貰うことを期待してトップクラスの鳩舎を取材する者がいるからである。或いは、誌上オークションをしてくれそうなレースマンの記事を書くだけである。若鳩をお礼として貰うとか、誌上オークションをやってもらうなどということは、ヤンセン兄弟について記事を書くあらゆるジャーナリストにとっては、決して有り得ぬ幻想なのである。それは誰もが知っていた。

ヤンセン兄弟は、決して宣伝広報に努めようとはしなかった。自分達が獲得した入賞成績に誇りを持ち、その優れた成績自体が鳩の価値を決定づけるのであり、それは決して、出版物の上における記事や宣伝といったアピールではないのだ、と彼らは考えていた。

ルイは、商業的な部分も自分の役割の中に含めていた。ヤンセン・ピジョンに興味のある人は、ルイに頼まねばならなかった。しかし、それが良い鳩がどうかということに関して、ルイはまずアドリアーンとシャレルに相談するのである。シャレルがその鳩はまだ放出する訳にはいかないと判断した時には、たとえその鳩に高値がついていても、ルイはその鳩を売らなかった。彼らのこの協力体制のお蔭で、ヤンセン兄弟は、信じられないほど長年にわたりレースで活躍し、そして価値ある鳩の作出を継続することに成功したのであろう。

ルイは、人と付き合うのがとても上手かった。彼はストレートに自分の意思を表現する。もし気に入らないことがあったら、決して自分の心の中にしまわず、口に出して言った。彼の記憶力も完璧で、誰も真似出来ないほどに名前と顔をよく覚えているのだ。彼と一度でも真面目な会話を交わした人間であれば、彼の記憶から逃れるのは不可能である。

ヤンセン・ファミリーの素顔の紹介を終えるにあたり、今や誰もが知っている彼らの誠意、真心のこもった応対に感謝を述べたい。ヤンセン兄弟の友人は常に友人でいられる。多くの友人を持っている有名鳩舎もあろうが、そこに何か得になることが有るのでなければ、その友達関係が続かないこともよくあるのである。鳩界のスターになるような人間の生涯というものは、そんな安楽なものではあり得ないということ理解しておかなければならない。ひっきりなしの電話や訪問客が、彼らのプライバシーに深く入り込んでくるのだ。

しかし、ヤンセン兄弟の場合は少し違っている。彼らの許には、決まった人間が何十年もの間出入りしている。たとえ彼らが、その人達に鳩を売ることが出来なくても構わないのだ。ヤンセン兄弟達は、スーパースターに祭り上げられることを望んでいる訳ではないし、彼らの情熱は決して、名誉や金を目指していないのである。

私が、アーレンドンクのこの友人達を訪ねるのに、私は何回となく私の小さな息子を同行させなければならなかった。そして彼ら兄弟の内の誰かが、私の息子にチョコレートを持ってきてくれる際に、何度もつまづきそうになることがあった。このような些細なことも、ヤンセン兄弟の人柄を示すひとつの出来事であろう。

第二章　徹底したナチュラリズム

ヤンセン一家の飼鳩のポリシーは、ナチュラリズムの一言に尽きる。鳩の資質を見極める天性の資質。それにも増して強調すべきは鳩の生態に人為を加えず、宗教的なまでに自然性を重視したこと。

ヤンセン兄弟に聞くQ&A

ピジョン・スポーツは千差万別

鳩レースの世界には、取り返しの付かないやり方とかシステムといったものはない。これは周知の事実である。様々なやりかた、システムのどれも良い点を持っているのである。ただ絶対に悪いとされるのは、世間で良しとされているシステムを、短い期間に手当たり次第にやってしまう事である。私たち同世代の著名愛鳩家達も、全く異なった意見を持っているのである。大麦の使用に反対意見を持つ人もいれば、それを重要だと考える人もいる。作出は冬にするものであると言う者もいれば、冬の作出を絶対に拒む者もいるのである。

鳩レースのあらゆる面でこういった論争は付き物なのだ。それこそ鳩の体型に始まり、良い鳩舎の建て方といった問題にまで及んでいくのである。

必ず成功する方法などはないのである。従って、誰かが人に講義するなどといったことは問題外で、それはヤンセン兄弟にとっても同じなのだ。つまりスコール通りのヤンセン兄弟達も、鳩の体型、衛生管理などについて手引きになるような意見を持っているが、勿論それらは議論の余地がある。また、彼らのそういった信念或いは知識などが、唯一信頼できるという訳でもないのである。

しかしその反面、ヘンリー・ヤンセンと彼の息子達がでくの坊でなかったことだけは否定できない。彼らは、自分達のやり方を人に勧めるだけのものを備えている。それは、今日の彼らの世界的名声がきっちりと物語っている。もし誰かの言葉が権威ある言葉として人々に受け入れられるとしたら、それはヤンセン兄弟の言葉に違いないのである。

その成績、銘鳩の数にせよ、ヤンセン兄弟の収めたほどの成功をこの世界中で誰がマネできるだろうか。しかもそれは、数年間でのことではなく3／4世紀にわたってのことである。

　父ヘンリーは、第一次世界大戦前には既に、約20回優勝している鳩を飼っていた。また、1983年現在も尚、彼の息子達はポイジーからのレースで、素晴らしい成績を収めているのである。

　この長い年月の間、彼らは良い鳩を作出し、レースで素晴らしい成績を挙げることに成功した。1900年以降、鳩界に名を成したチャンピオン鳩舎の数は膨大である。しかし、消えていったそれらスター達の数もまた同じ位膨大なのである。ヤンセンは違っていた。彼は出現し今尚残っている。

絶対確実な方法などない

　アーレンドンクの鳩舎では、不朽の地位を築くような鳩が、まるで時計のように規則正しく作出され続けてきた。シャレルとアドリアーンが口を開けば、その言葉はどんな本よりも重みがあった。それは、実行不可能な知識ばかりが載った、頭の良い人間が書いた本についても同じである。

　何百人、何千人もの世界中の愛鳩家が、ヤンセン兄弟、そしてヤンセン・ピジョンを賞賛している。それは多くの人々が、鳩レースにおける実践的な問題について、彼らの考え方に深く興味を抱いているからだと思われる。

　このような理由から、私はシャレルとルイに、一般的に関心があると思われるテーマでインタビューを行った。このインタビューによって、鳩レースの世界チャンピオンでさえ、成功へ向けての絶対確実なやり方を人に講義することなど出来ない、ということが明らかになるのである。

Q．世界的に有名なヤンセン兄弟の名前は、頻繁に乱用されています。そういった行為の背景にはただ一つの目的しかありません。即ち、それによって金儲けに利用しようという事です。このヤンセンの名前の乱用について、どういった対処をされていますか？

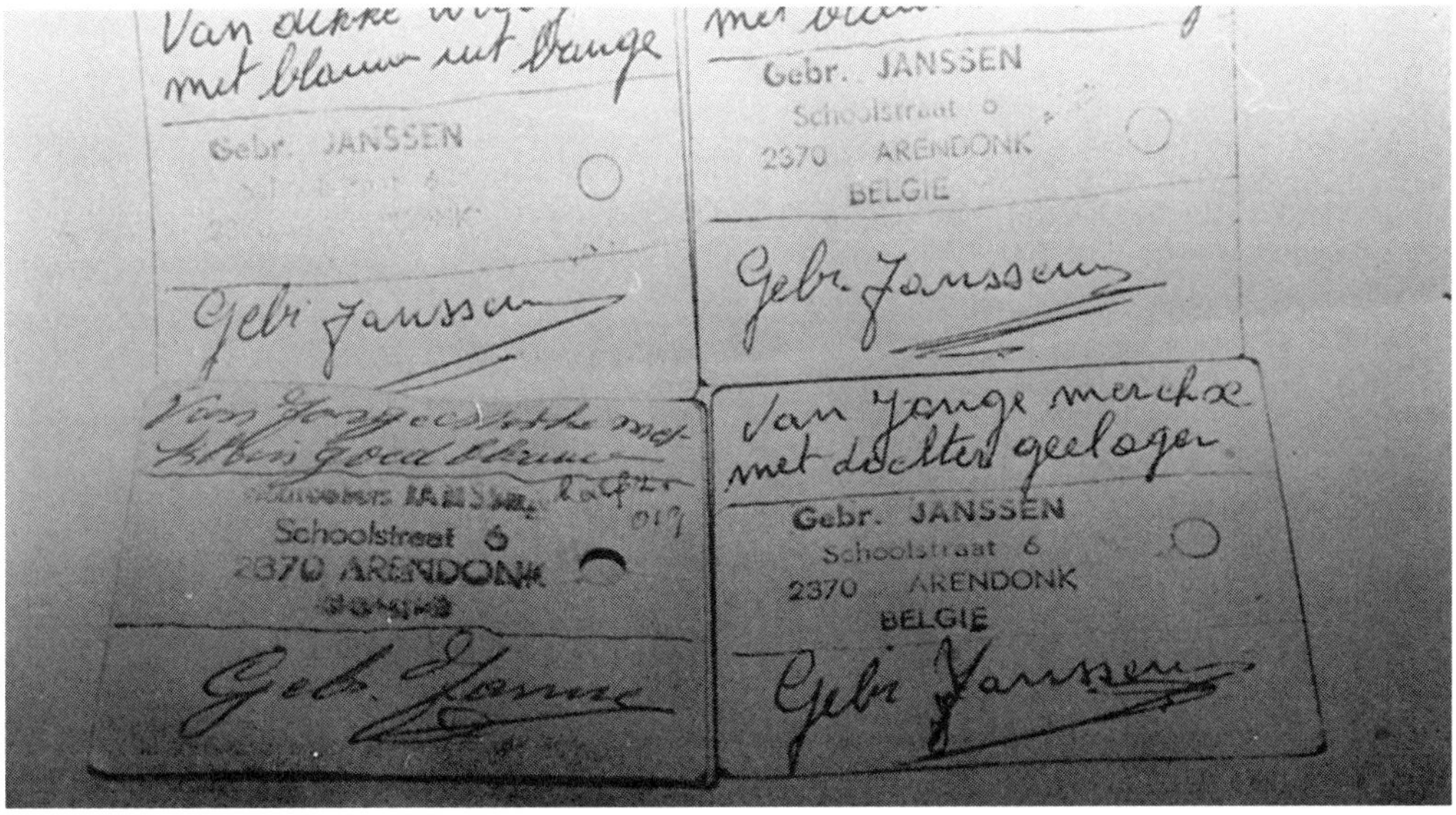

写真左下が本物のヤンセン兄弟の所有権証。その他は、イギリスから送られてきた偽物の所有権証。こういった所有権証の偽造は、頻繁に起こっていた。

A．私たちの名前を利用して金儲けをしようとする人々のことは放っています。もし、私たちがこれらに逐一対処するのであれば、そのためだけに誰かを雇わなければならなくなるでしょう。イギリスで発生した所有権証の偽造に対してでさえ、私たちは何もしませんでした。

それでも愛鳩家の皆さん自身は、軽率に人を信じるといったことには慎重になったほうが良いでしょう。例えば、私たちの家へ20年以上或いは一度も足を踏み入れたことのない人が〝純ヤンセン・ピジョン〟だと言っても、その売値を見れば一目瞭然なのです。本当のヤンセン作の鳩がどの位の値段なのかを知っていれば、そういった人の前では、ただ首を傾げていればいいのです。

それ以上に酷いのは、アメリカやドイツで毎週発行される鳩レース雑誌や新聞に載っている多くの広告です。全く気分が悪いものです。

そういった鳩をつかまされた人々は不成功への道を辿っていくだろうし、私たちの名前もまたそれによって汚されてしまうことを、非常に悲しく思いま

“リヒト・ファン80”
“アウデ・ラケット” の娘で、羽色は薄い灰胡麻で、典型的なヤンセン・ピジョンである。

す。時には、白い鳩や黒胡麻の鳩までを、純ヤンセンだと言い張って売る度胸がある鳩業者もいるんですよ。

Q．ヤンセン・ピジョンを他の鳩と見分けることは出来ますか？

A．私たちの鳩のほとんどは、灰か薄い灰胡麻です。たまにスレートや刺しのある鳩も作出されます。それにかなりの割合で、闘争意欲の漲った白銀目が出るのです。かなり色素が薄いのですが、それでも素晴らしく輝いています。

それから付け加えておかなければならないことは、私たちの鳩は非常に健康で、私たちの好みに適った通りのタイプを備えているという点ですね。

Q．その好みのタイプとは、どういった鳩なのですか？

A．鳩というものは、全体にバランスのとれた体型を備えていて、尾羽根までがきちっと揃って閉じていなければなりません。羽質もまた完全でなくてはならないのです。

Q．私は今までに、栗やスレートのことが書かれた本を沢山読みましたが、貴方がたとの会話では逆にそういった羽色のことはほとんど話には出てきません。こういった羽色がヤンセン・ピジョンのトレードマークでなくなってしまってから、随分経つのですか？

A．ええ、以前は大変に素晴らしい栗やスレートの鳩を飼っていました。しかし現在では、そういった羽色の鳩はほとんど作出していません。私たちが現在、灰や灰胡麻の鳩しか作出していない理由は簡単です。ただ単に、灰や灰胡麻の鳩の方があらゆる面で優れていただけなのです。良い例が〝バンゲ・ファン51〟のラインです。私たちは〝バンゲ・ファン51〟のラインでずっと作出を続けてきました。実際には、この鳩を始めとして私たちが作出した他のトップクラスの鳩達は、直接又は間接的に栗やスレートの血を引いているのです。

コマーシャル的な観点から見れば、もっと栗やスレートの鳩を保持し続けた方が良かったのかも知れません。特にドイツ人やオランダ人は余計金を払ってでも、こういった羽色の鳩を買いたがっているのですから。1ペアだけで作出をスタートすれば、鳩舎一杯に栗の鳩を飼うことなどなにも難しいことではないのです。

しかし私たちの場合、淘汰に際してはいつも決まった原則に基づいて行っています。レース成績、体型、血統、それに健康度です。羽色を考慮に入れた事は一度もありません。もし、私たちの栗の鳩が、他の羽色のよりも優れているのであれば、もっと多くの栗の鳩を飼っていたかもしれません。ごく簡単な事なのです。

Q．ヤンセン鳩舎で最後の優秀な栗やシルバーの鳩が作出されたのは、いつのことですか？

A．1960年のことでした。ただ、私たちから購入した栗の鳩の子孫が、後に他の鳩舎で成功を収めているという可能性はありますね。

Q．優秀な短距離鳩を持っていれば、長距離レースにおいても成功する思いますか？

A．それが出来なければ、それはその鳩が優秀ではないのです。普通に良い天気であれば、短距離鳩は600K位の距離のレースでも上位に入賞することが出来ます。ところがそこまでの距離のレースに参加するということは、大変な危険を伴うことになるのです。だから私たちは、そういったレースは避けるのです。

スーパーピジョン、いわゆる超銘鳩を創り出すには、その鳩を長く飛ばし続けることが必要です。悪天候のレースで、そういった鳩を失ってはならないのです。優秀な鳩を飼っている愛鳩家が、たった一回の悪天候の長距離レースのために潰滅してしまった例がどれほど多いことでしょう。

一方では、他の人々が私たちの鳩を長距離レースに使って、ナショナルレースで優勝したり自動車を獲得したりしているのです。天気さえ良ければ、全く問題ではありません。

滅多にないことですが、私たちから購入した鳩で素晴らしい活躍をしているレースマンは、たとえ長距離レースでトップクラスの鳩を失ってしまったとしても、また私たちの所に鳩を買いに来るでしょう。なぜなら、たった一回の長距離レースで、ヤンセン・ピジョンが打ちのめされてしまうようなことはないと彼らは確信しているからなのです。

Q. 最近流行っている健康管理とか、薬について一般的にどのようなお考えをお持ちですか？

A. 鳩飼いが犯しやすい、或いは頻繁に犯している最大の間違いは、健康な鳩に薬を投与して、もっと速く飛ばそうとすることです。1983年の今日といえども健康な鳩には良く飛べるような手段を講じる必要などないのです。ドーピング（興奮剤の投与）などといった事については、出来れば何ひとつ話などしたくありません。第一次世界大戦の頃に遡りますが、私たちの父が鳩に何か秘密めいた薬をやって、上位に入賞させているのではないかと疑われたことがあります。

ヤンセン鳩舎の裏庭にある運動場

数週間ほど成績があまり良くなかったというだけで、その鳩はどこかおかしいのではないかと考えてしまう愛鳩家が大勢いるのも事実です。どんな動物、鳥、そして人間でさえ、健康とコンディションが多少低下する時期が必ずあるものです。愛鳩家であれば、時折の悪い成績はつき物なのです。私たちが悪い成績を1度も経験したことがないなどとは、どうか思わないでください。

病気の徴候は全くないのに、入賞圏内に入らないからといって、その鳩に薬を飲ませるというのは、本当に許し難い過ちです。だからと言って、私たちが科学の進歩を全く無視しているという訳ではありませません。幸い私たちの鳩にはあまり起っていませんが、もしも本当に鳩の具合が悪い時には、何がしかの手は打ちます。まずは自分達で、その鳩の何がおかしいのか見ては、それに見合った処置をします。もし全ての愛鳩家が私たちと同じようにやっていたら、恐らく獣医師の仕事は減ってしまい、彼らもぜんぜん儲からなくなるでしょうね。特にドイツ人の愛鳩家は、分別無しに大量の薬やビタミンをやり過ぎるという過ちを犯しています。

勿論、我々の最高の鳩が病気になった時は、ただなりゆきに任せて死なせるようなことは絶対にしません。自分達で何がしかの処置をするか、或いは獣医師の力を借りるなどして、出来るだけのことはやるでしょう。

Q. 近年、鳩舎を掃除せずに糞や羽を床に山積にしておくというやり方（ディープ・リター方式）が流行っています。特に、若鳩レースの専門家たちの間でこういった傾向があり、それに影響されたのではないでしょうか。また、一部の有名な長距離鳩舎においても、鳩舎を掃除しない傾向にあるようです。これについては、どのような考えをお持ちですか？

A. （ルイが、笑いながら）それはもう、一番楽なやり方です。しかし成功を目指している愛鳩家が、同時にどんな苦労も嫌がるようでは、何をやっても成功する前に終わってしまうでしょう。それは鳩レースにおいても他のスポーツにおいても同じことが言えます。〝衛生〟は私たちの生涯を通して基本です。それは現在も変わりません。

ディープ・リター方式は、何年間かはうまくいくかもしれません。しかし、いつかは絶望的な問題を抱えることになるでしょう。私たちはこの方式には、常に反対です。そして自分達の体力が続く限り、私たちは鳩舎を掃除し糞掻きを続けるでしょう。

Q. 濡れたような目（ウィルスによって、眼蓋に炎症を来す。これは若鳩にのみ起こり、このいわゆる〝フリーシェス〟に感染した若鳩では入賞こそ出来ないが、失踪は少ない。ベルギーでは、ドイツなど他の国々より若鳩レースに重きを置く愛鳩家が多く、こういった眼の病気に対する注意や警戒が強い。ドイツでは、愛鳩家のほとんどが〝フリーシェス〟を知らないために、その呼び名はない。※ドイツ語版の注）をした若鳩のことについて、何年もの間いろいろと話題になっています。この問題についてはどのように対処していますか？

A. ほとんど何もしていません。鳩というものは、画一的に治療するべきではないのです。もし1羽の鳩の目が特に悪くなった場合、その鳩だけに目薬を投与すれば良いのです。

※ここでシャレルが、2階からひとつの小瓶を持って来た。中身はもう腐ってしまっていることから、ほとんど使われたことがないことが分かる。他の人が使えば、一瓶では1週間ともたないであろう。

Q. ビタミン類については、どうお考えですか？また、それらを鳩に与えていますか？

A. それに関しては申し上げられません。私たちは、ビタミンのことは分かりませんし、ビタミンを使ったことは一度もありません。恐らくビタミンは、悪いものではないと思いますが、私たちはただ信じてないだけです。ビタミンなどなかった時代でも、鳩を健康に保つことは出来たのですから。

今日では、誰もがビタミンに噛り付いていますが、ビタミンがなかった時代の鳩より今日の鳩の方がよ

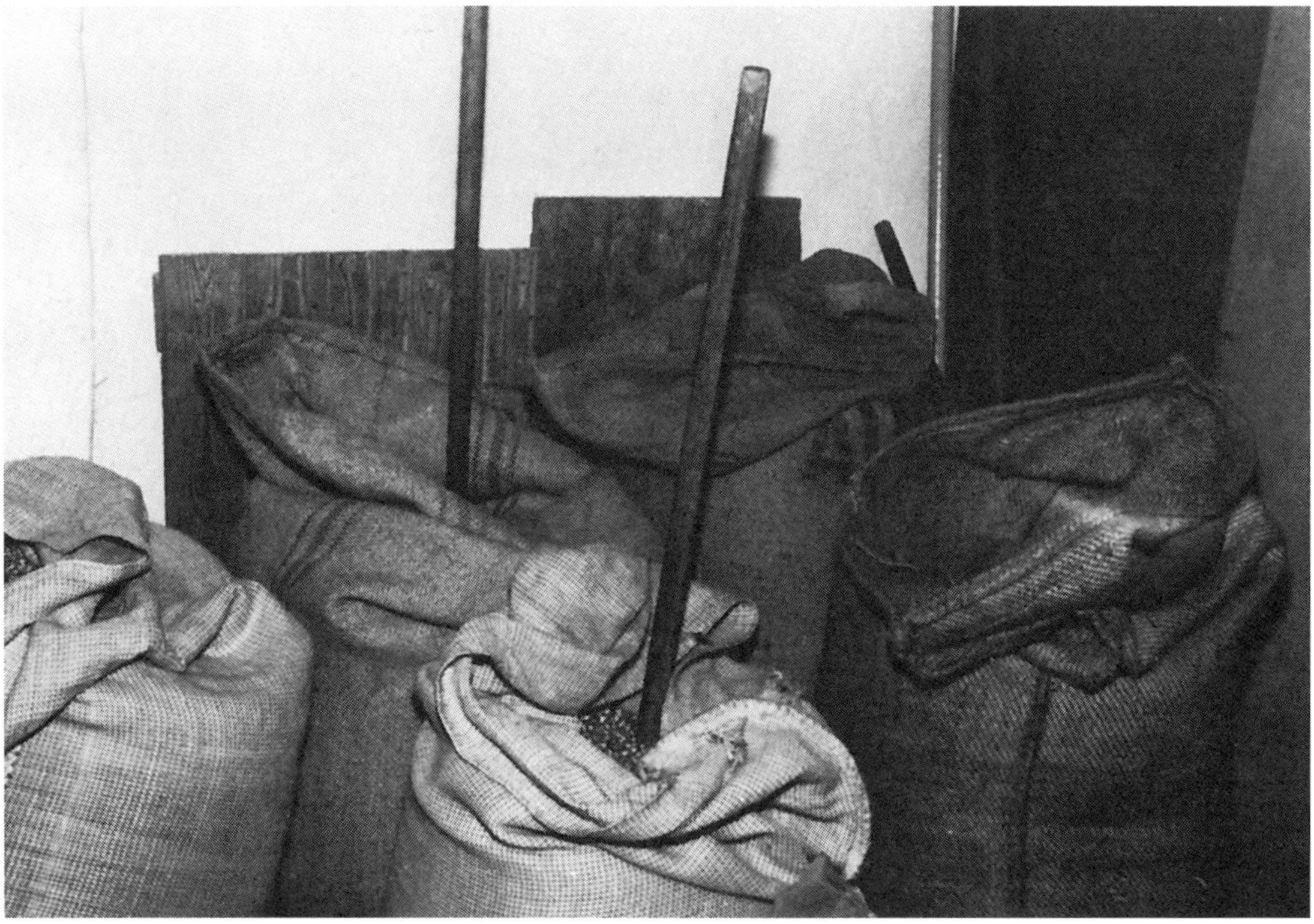

穀物は単品で購入され、乾燥した倉庫の
中に保管されている。穀物の入った麻袋
は、毎日揺すられている。

り健康だと言えますか？　そんなことは絶対にないと思いますよ。

Q．ヤンセン鳩舎では、飼料とか給餌方法は重要だとお考えですか？

A．私たちにとって、飼料は最も重要な意味を持っています。現在まで鳩レースに携わってきた中で、私たちが最も細心の注意を払ってきたのが飼料の品質です。飼料の発芽力を確認するために、水に漬けたりもしました。１００パーセント信頼のおける飼料以外は絶対に与えません。給餌法の知識がない人は、鳩レースを何年続けても伸びないでしょう。

※給餌方法の詳細については、一三八頁参照

Q．ピジョン・ティー、蜂蜜、ニンジン、米、それにパン等々、いわゆる副食品は与えていますか？

A．冬になると、週2回ピジョン・ティーを使用します。私たちは自分達で薬草を摘んでいますが、市販の物でも良いティーはあります。

蜂蜜は、レース帰還後にいつも与えてきました。蜂蜜が本当に鳩に良いかどうかは分かりませんが、少なくとも悪くはないはずです。

米は時々やっています。特に暑い時にやると、喉の乾きを和らげるとよく言われていますが、私たちはそれを信じている訳ではありません。レース持ち寄り前に米を与えた鳩であっても、気温の高い日のレースでは、河や湖に下りて水を飲んだり、帰還すれば鳩舎でもまた水を飲みます。米が鳩の喉の乾きを癒すというのは、幻想にすぎないでしょう。しかし、一方で米は飼料として栄養価が高いことは間違いないはずです。

ニンジンは、鳩には非常に良いと思っています。冬になると、毎週火曜日に与えていますが、特に種鳩には欠かさず与えるようにしています。

以前は、ヒナを抱いた鳩にパンも与えていました。パンも悪くはありませんが、現在ではやっていません。そこまで必要だと感じないからです。

※副食品の詳細については、一四一頁参照

昔ながらのトタン製のたらいは、穀物の
品質を損なわず保存することができる。

Q．鳩界での大麦に関する見解は、大きく分かれています。強豪鳩舎の中には、大麦が絶対に一番良いと言う人もいれば、一方でこれを全く拒絶する人もいます。この問題に関しては、ヤンセン兄弟鳩舎ではいかがですか？

A．大麦は鳩にとって抜群に素晴らしい飼料です。私たちは、特に冬にかなりの量の大麦を与えます。夏もやってはいますが、冬ほど多くはありません。

Q．優秀な種鳩ペアについては、これまでにも随分語られたり書かれたりしています。特に分譲広告やカタログなどを見ると、その鳩舎の種鳩ペアの価値を大袈裟なほどの唄い文句で紹介しています。
ヤンセン・ピジョンは種鳩として価値は世界中で評価されています。実際に、良い鳩以外輩出しない種鳩ペアはこの世に存在するのでしょうか？

A．もし、そういった広告やカタログに書いてあることが全て真実ならば、それこそ膨大な数の素晴らしい種鳩ペアがいることになってしまいます。ところが、いざそういった驚異の種鳩ペアを持っていると称する人とレースで戦ってみると、大したことないという印象を受けるものです。それに加えて、その鳩舎の成績の全部を調べてみれば、目を覆いたくなることでしょう。
私たちは、長い生涯を通じてかなりの数の鳩を作出してきました。そして別に大袈裟に言うわけではありませんが、はっきり言って良い鳩は沢山いました。その中でも、1羽だけでも素晴らしい〝スーパー・ピジョン〟を生み出したようなペアは、本当の意味で優秀な種鳩ペアだと言えるでしょう。いかに真の〝スーパー・ピジョン〟が少ないかを考えれば、優秀な鳩しか輩出しない鳩がいるのかもしれませんが、その数は本当に少ないはずです。

Q．そのような優秀な鳩しか輩出しない鳩を、かつて飼ったことがありますか？

A．はい勿論です。私たちは、ほとんど全ての直子が飛んだ実績をもつ鳩を持っていました。それは〝スカーリー・ブラウヴェ・ファン32〟です。彼はあっさりと優勝してしまうような鳩だけを輩出しつづけました。例えば〝ラッペ〟〝アウデ・ヴィットオーガー〟〝ヨンゲ・ヴィットオーガー〟〝グローテ・ヴィットオーガー〟等々です。〝ヨンゲ・ヴィットオーガー〟も、やはり素晴らしい子孫ばかり残しました。スクーテルスの〝ダイフケ・ファン・ド・アープ〟（〝アープ〟の娘）と交配された時がそうだったのです。〝ブラウヴェ・ファン48〟もまた、そういった奇跡的な種鳩でした。〝フーデ・ブラウ・ファン54〟の作出ぶりも傑出していました。更には〝アウデ・ドンケレ・ファン50〟、〝スコーネ・リヒテ・ファン55〟、その母鳩である〝スコーン・リヒト・ファン51〟などは、全てその直子のほとんどが素晴らしい鳩ばかりだったのです。

最近では、〝メルクス・ファン67〟とその直子である〝ヨンゲ・メルクス・ファン70〟が挙げられます。これらの鳩もまた素晴らしい種鳩で、その直系が数多くの鳩舎で活躍しています。

Q. ところで、〝バンゲ・ファン51〟と〝バンゲ・ファン59〟は、種鳩としてそれほどでもなかったのですか？

A. いいえ、そんなことはありません。先ほど挙げた銘種鳩達の中に彼らの名前も入れるべきだったかもしれませんね。恐らく他にも素晴らしい種鳩は沢山いるでしょう。でもそんなことをひけらかしても仕方がないでしょう？ 本などで紹介されているチャンピオン鳩とうちの最高の鳩の成績を比較検討してみれば、私たちがいかに素晴らしいレーサーや種鳩を持っているかが明らかになるでしょう。

Q. 良い子孫を輩出した種鳩ペアは、その交配をずっと続けるべきでしょうか、それとも交配は変えたほうがよいと思いますか？

A. 私たちの考えはこうです。ほとんどの場合、大変に良い種鳩ペアでも、桁外れに良い鳩は1羽し

ヨンゲ・ヴィットオーガー＝Jonge Witoger
ブラウヴェ・ファン48＝Blauwe van 48
グローテ・ヴィットオーガー＝Grote Witoger

か輩出しません。普通に良い鳩は何羽も出ますが、〝最上級〟の鳩は1羽しか輩出されないのです。だから私たちはよく交配を変えます。私たちの種鳩ペアの場合、そのほとんどは1年間だけ一緒にいて、長くても2年間です。私たちにとって良い鳩を作出することも大切ですが、それ以上に大切なのは〝最上級〟の鳩を作出することなのです。

経験から学んだことは、この〝最上級〟の鳩は、長年同じ配合鳩との交配を続けてきた種鳩ペアから生まれない。そして1年間だけ交配された種鳩ペアから、稀に作出されるという事なのです。私たちの〝アウデ・ヴィットオーガー・ファン33〟とその父親である〝スカーリー・ブラウヴェ・ファン32〟は例外でした。33年生まれの〝アウデ・ヴィットオーガー〟は、3年も連続で〝アープ〟の娘である〝ダイフケ・ファン・ド・アープ〟と交配されましたが、毎年素晴らしい鳩を輩出したのです。

Q．ヤンセン兄弟にとって、鳩の目の色はレーサーとしての能力、または種鳩としての価値を判断する基準とされていますか？

A．私たちは、鋭くて輝きのある白銀目を好んでいます。これは昔も今も変わりません。私たちの最高の鳩は、何羽もがそういった白銀目をしていました。交配する時も、そういった白銀目の鳩同士がペアになることがよくあります。白銀目同士のペアから良い鳩は生まれないなどというのは、迷信に過ぎません。

ただ、いわゆるヴィットオーガー（白銀目の鳩）に偏りすぎるのは危険です。大切なことは、鈍く冴えない目にならないよう、細心の注意を払うことです。鈍く冴えない目は、間違ったコースを辿っていることを表しているのです。

私たちが好きな白銀目は、闘争本能や利口さがギラギラとむき出しにされたような輝きを放つ白銀目なのです。普通の白銀目と、私たちが好む白銀目の違いは、他の人々にそう簡単には分からないでしょう。それにはいわゆるフィーリングといったような知覚が必要なのです。

ダイフケ・ファン・ド・アープ＝Duifke van de Aap
フーデ・ブラウ・ファン54＝Goed Blauw van 54
アウデ・ドンケレ・ファン50＝Oude Donkere van 50

Q. 老鳩からチャンピオン級の鳩を作出することは可能ですか？　それとも若い鳩から優先的に使うべきでしょうか？

A. 鳩が若かろうと年をとっていようと、作出年齢はさほど重要だとは思いません。それより大事なのは鳩質です。その鳩がたとえ15歳であろうとも、鳩質の良さをはっきりと示した種鳩であれば、その老鳩で作出します。種鳩としてまだその能力がはっきりしていない1歳鳩から作出するよりはましだと考えるからです。

（この点に関して、生物の年齢と作出能力の間には何の相関関係もないということを示す科学によって、ヤンセン兄弟の意見は理にかなっている）

〝アウデ・ヴィットオーガー・ファン33〞を例に挙げておきましょう。アントワープに住むある人物が、〝アウデ・ヴィットオーガー・ファン33〞の直子を1羽買っていきましたが、それは彼が14歳の時の直子でした。その若鳩は、やがてスーパーピジョンとしての真価を発揮し、オルレアンでは後続を10分も引き離して優勝するなどの成績を収めたのです。ただ、老鳩に2羽のヒナを何度も抱かせることだけは避けています。

Q. 種鳩の交配は、アドリアーン1人でやっていたのですか、それとも皆で考えられたのですか？

A. アドリアーンの存在は、私たち兄弟にとって本当に大きなものでした。ですから、鳩舎の中に入っていると、彼が亡くなってしまったことの痛手を切に感じるのです。

私たちは、特定の鳩の交配に関して、何度となく長時間かけて相談し合いました。想像もつかないかもしれませんが、それは1時間で終わるようなものではなく、何日にもわたって話し合ったこともあるのです。それでも結論には至らなかったことが何度もあったのです。たった1羽のスーパーピジョンを作出するためには、幸運が大きな度合いを占めているということを、ここで強調しておかなければならないでしょう。

スコーネ・リヒテ・ファン55＝Schone Lichte van 55
スコーン・リヒト・ファン51＝Schoon Licht van 51
メルクス・ファン67＝Merckx van 1967

私たちはいつも、『ヤンセン兄弟はすべて分かっている』と言われ続けました。ただ2羽の鳩を手にするだけで、そのペアから良い鳩が作出されるかどうかが分かってしまうのだと。私たちが何でも知っているかのような誤解はどうかしないで頂きたいのです。

勿論、私たちの鳩舎には種鳩として1度も作出に使わない鳩もいますが、それは私たちの要求を満たしていない鳩だからです。このような鳩で作出したくないと思うような鳩を、数多く掴んできました。一方で、外見的にも素晴らしい鳩で、種鳩として必要な要素の何もかもを備えているように見える鳩もいました。だからと言って、それが優れた種鳩であるという確信は持てません。私たちヤンセン兄弟でさえそれは無理なのです。

父も、アドリアーンも、そして私たちだって確信などありませんでした。（ルイは強調して言った）

一体この地球上の誰が、あの〝スカーリー・ブラウヴェ・ファン32〟がそんな驚異的なレーサーを輩出するなどと予測出来たでしょうか。しかもどの雌と交配してもほとんど同じ結果をもたらしたのです。

私たちには絶対に予測出来ませんでした。彼が輩出した若鳩達が無数に飛び始めてやっと私たちも、〝スカーリー・ブラウヴェ・ファン32〟が如何に優れた種鳩かが分かったのです。

当時私たちが、この〝スカーリー・ブラウヴェ・ファン32〟を1羽の雌鳩に交配した時、このペアは必ず理想的な種鳩ペアになるなどといった確信を持っていたわけでは決してありませんでした。こういった事は、後になって初めて分かったことなのです。

（著者注…この点に関しては、ヤンセン兄弟達にはかなりの遠慮がうかがわれる。私の知る限りにおいて、アドリアーンとシャレルの助言で作出に使ったところ、奇跡的な作出結果を残した鳩や種鳩ペアは数多い。また、レーサーとしての価値も、この2人の兄弟が下した判断はそれが絶対と言って良いほど正確であったことが後になって分かっている）

Q．このアーレンドンクの鳩舎には、これまでに沢山の著名愛鳩家が訪れて来たと思いますが、中で

も誰が一番鳩をよく知っているという印象を受けましたか？

Ａ．確信を持って私たちの最高の鳩を選び出したような人には、まだお目に掛かっていませんね。百パーセント確実にこの鳩は良いとか悪いなどとは、絶対に誰も言えないのです。

　まずは質の良い鳩を揃えること。それが鳩レースでは一番大切な事なのです。その後は、自分の出来る限りの努力を鳩の管理に注ぎ込まなければなりません。そうすれば遅かれ早かれ、成果は見えてくるはずです。そして好成績が出た暁には、鳩仲間に好きなように言わせておけばいいのです。自分の鳩舎で間違いなく素晴らしいと確信が持てる鳩は、無理強いしなくとも自然と良い結果を生むのですから。

　当時としては、鳩の専門的な知識を豊富に持った人物として大変に有名であったヴィッテン・ブーア氏が、一度私たちを訪ねて来たことがありました。彼は、『この鳩舎には、良い鳩しかいないじゃないか！』と思わず叫んでしまったほど、私たちの鳩に魅了されてしまいました。

　勿論これは少し大袈裟かもしれません。しかし、実際に〝ラッペ〟のように、他の全ての鳩をしのぐような鳩がいた時代だったのです。私たちは、ヴィッテン・ブーア氏に〝ラッペ〟を当ててみるようにリクエストしましたが、彼はこれには成功しませんでした。

　アーツェラールに住んでいたセイムス氏は、確かに鳩の何がしかを知っている人物でした。しかし、その彼もまた、絶対に誤りがないという訳ではありませんでした。

　もし、一番鳩を知っている人物の名前をどうしても挙げてほしいと言うならば………、それは間違いなく私たちのアドリアーンと父ヘンリーでしょう。昔からここに出入りしていた人々に、アドリアーンとは一体どんな人物か聞いてみて下さい。父親でさえ彼には及びませんでした。

Ｑ．これまでかつて、鳩の帰巣心を高める為に、何かテクニックを使ったことはありますか？

ヴィッテン・ブーア＝Witten Boer

A．ほとんどありません。アドリアーンは、若鳩を残して雄鳩を取り去り、雌鳩の帰巣心を高めるような（或いは逆に雌鳩を取り去る）テクニックも使いました。しかし、私たちの成功のほとんどは、ごく普通のナチュラル・システムかWシステムで獲得したものです。

Q．これまでに他鳩舎へ売ってしまったことで後悔した鳩はいましたか？　また、その鳩はどんな鳩だったのですか？

A．一回だけあります。私たちが多数の鳩を売った時というのは、私たちの鳩舎に同じくらい良い鳩がまだ何羽もいることが明らかな時だけでした。しかし、一回だけ大失敗をやらかしてしまったことがあります。

台湾の人から鳩を売るようにとのリクエストがあった時、本来その巣箱にいないはずの鳩を掴んで、その脚環番号を台湾へ知らせてしまったのです。私たちが売ろうとした鳩とは違う鳩であったことが、後になって気がついたのです。

私たちが当初売ろうと思っていた鳩を、再度彼にオファーしたのですが、彼はそれを拒絶しました。その売買を白紙に戻すことが出来なかったのです。私たちは大変悔やみました。その間違って売ってしまった鳩こそは、素晴らしい種鳩として知られたあの〝ヨンゲ・スケルペ・ファン１９７４〟だったのです。

Q．ヤンセン兄弟のような人達でも、『何て馬鹿なことをしたんだ』というような大きな失敗をしたことはありますか？

A．そうですね。〝失敗〟にもいろいろあると思いますが、誰でもやりがちな失敗もあれば、最悪の結果を招くような大失敗もあります。私たちの記憶が正しければ、そういった大失敗を一回しています。

もう何年も前になりますが、化学肥料中毒症で沢山の鳩が死にました。私たちもそのことは知っていましたし、私たちの鳩もしばしばその耕地上空を飛

ヨンゲ・スケルペ・ファン1974＝Jonge Scherpe van 1974

んでいることも知っていました。

それらの知識があったにも関わらず、私たちは舎外規制をしなかったのです。普段より1時間遅く舎外に出したのですが、それでも4羽はその耕地の方へ飛んでいってしまいました。内3羽は、その代償に死を強いられたのです。死んでしまった鳩の内2羽は、秀でたチャンピオン鳩だったのです。この事件があった時は、皆で大喧嘩になりました。

ヤンセン鳩舎の給餌方法

品質と量がすべて

アーレンドンクのヤンセン兄弟にとって、鳩の給餌は最も重要だと考えられてきた。シャレルは、飼料の配合内容よりも、その品質と与える量がもっと重要だと考えている。そのため、人々が思うほど、彼らは餌の内容にはこだわってはいないのである。

トウモロコシ以外の特殊な豆類の微妙な混合率もさほど重要ではない。通常、ヤンセン鳩舎の鳩に与えられる飼料の配合率は以下のようになっている。

トウモロコシ50%
カラスノエンドウ20%
エンドウとソラ豆　各々10%
その他小麦、大麦、ダリの混合飼料10%

彼らは、何十年もの間、この配合率を平均して保ち続けている。それはもちろん、季節や天候によって多少異なることもあった。

＊　＊　＊

トウモロコシ以外の穀物の混合率の数パーセントの違いに関しては、ベルギーの有名なティーンポン教授の鳩の給餌に関する科学的な調査で分かったことに注目しておかなければならない。彼はこの調査で、非常に興味深い発見をしたのである。

2羽の鳩をそれぞれ離れた場所に置いて混合飼料を与えた。しばらくしてからそれぞれの場所と餌を入れ替えたのである。そこで分かったことは、鳩は各々好みが違うということであった。1羽の鳩が穀類を好めば、他の1羽は豆類を好み、どの個体もそれぞれ固有の味覚を備えており、それが一定の好みとなって表れているのである。

そこで仮に、トウモロコシ50%、大麦25%、エンドウ50%とその他の混ざった餌をやったからといっても、各々の鳩がそれに応じた比率で餌を食うと考えるべきではないのである。

＊　＊　＊

こうしてみると、シャレル・ヤンセンが、飼料の品質を配合率よりもはるかに重要であると主張していることは、この科学的な調査で明らかになった事柄と一致するのである。ましてトウモロコシ以外の穀物の混合率の数パーセントの違いなどは、二次的な意味合いしか持たないのである。

ヤンセン兄弟は、もう何十年もの間、単品で餌を購入し、それらを自分達で混合している。十分に乾燥した倉庫の中で、昔ながらのトタン桶に入れて保管されている。シャレルにとっては、単品で購入する方が、個々の餌の品質を判断しやすいのである。

彼は、飼料に関しては非常に神経質で、トウモロコシは最高の品質でないと、すぐに返品してしまうのだ。ある豆類の餌の匂いが気に入らないからと言って返品したこともあったほどである。ベルギー、オランダ等ヨーロッパでは、飼料の品質を判断する場合、両手一杯に餌をすくい、その中に顔を埋めて匂いを嗅ぐというやり方が一般的である。この場合、餌が単品であることは言うまでもない。疑わしい時には、餌を水に漬けて見た。そして、その穀物の発芽力が確認されるまで、彼らは絶対に満足しないのである。

ヤンセン兄弟が好んで与えるのはポップコーンであるが、籾つき米も鳩には最高の飼料であると考えられている。彼らが混合する飼料には、必ず大麦が入っている。そして冬場は、その大麦の割合がもっと多くなるのである。

鳩に餌を与えているシャレル。彼はいつも笛を吹いて鳩の注意を引き、鳩が入舎する板の上で餌を与えるのである。いかに注意深く彼の手で餌の量を量っているかが分かる。餌の一粒一粒まで正確に与えている。

一粒一粒まで数えて…

注目しておきたいのは、ヤンセン鳩舎のWシステムの雄鳩に毎朝与えられる餌の内容である。Wシステムの雄鳩は、過去30年にわたって、朝は小粒の種子類以外与えていない。即ち、亜麻の実、菜種、小粒の黒サフラワ、ホワイト・シード、それに殻付きのカラス麦である。

また、レース帰還後は、一般的に与えられる餌とは異なっている。ほとんどの愛鳩家は、レース帰還直後の鳩には、餌を少なめにやるべきだと考えているのだが、ヤンセン兄弟は、一仕事終えた後のレーサーに僅かの量の餌しか与えないことには絶対に反対であった。

『選手鳩がレースを最後まで飛び切って疲れてしまっているのであれば、充分な餌を与えてやるべきです。その時には、消化しやすい軽い餌にしてやれば良いだけなのです』とルイは言う。

ナチュラル・システムの選手鳩の餌も、Wシステムの雄鳩が食べている小粒と同じような混合率で与えられている。

ヤンセン鳩舎で与えられる餌の量は、もちろん小粒に至るまで正確に量られている。シャレルとアドリアーンは、長い年月の経験から、1羽の鳩が必要とする栄養を含んだ餌の量を確実に把握していた。ヤンセン鳩舎で鳩を手にしたことのある者であれば、彼らの鳩が年間を通して正しくあるべき体重を保っていることが分かるはずである。

十分な休養が必要とされるWシステムの選手鳩以外は、全ての鳩に対して1日3回の給餌が完璧に施されている。作出シーズン中は、殻付きのカラス麦が、特に良い餌だと考えられている。

『これを定期的に与えてあげると、ヒナの孵りが良くなるのです』。これはルイの考えであるが、彼らはそれが絶対だという保証は決してしない。

重要な意味を持つ副食品

ヤンセン兄弟は、ティーを鳩に与えることも、とても良いことだと信じている。市場で購入すること

鳩が入舎して餌をついばんでいる。シャレルは、
1羽1羽を入念に観察し、各々が食べている量を
確認しているのである。

も出来るが、アーレンドンクでは、ジェフがいつもハーブを摘みに出かけていた。中でも、オドリコ草とオオバコは非常に良いと考えている。オオバコを煎じて定期的に飲水器の水に混ぜて飲ませると、トリコモナスの予防になるのだという。

ジェフはどこに行けば良いオオバコの茎が見つかるかをよく知っていて、8月と9月には毎日外へ出て、オオバコを刈っていた。芽付きの茎を乾燥させ、秋と冬になると週2回、煎じてから飲水器の水に混ぜる。片手一杯の茎で、約5リットルの水に丁度良い割合である。仲の良い友人は、ジェフが刈ったオオバコを分けてもらうことが出来た。

私たち愛鳩家の間でも、このオオバコの効果について知られるようになってからは、トリコモナスの問題で悩まされることが非常に少なくなったことは事実である。

ティーは、換羽期にも非常に良いと考えられている。換羽の時期には、ティーにムイトザート（ムイトザートは、ベルギーではすでにミックスされた形で販売されている様々な薬草の種の意味。通常ムイトザートは、ティーの薬草と混ぜて用いられ、それを煎じて鳩に与えることが多い）を加える。換羽期をトップコンディションで切り抜けるためには、これが必要なのである。

ヤンセン鳩舎で鳩を掴んだことがある愛鳩家は、その羽根のコンディションが如何にパーフェクトであるか驚くはずである。彼らの鳩は全て、非常に良いコンディションで換羽期を過ごしているからである。

ニンジンも、鳩にとってとても良い副食品だと考えられている。特に冬場は、週1回は必ず与えているのである。

蜂蜜は、年間を通して与えられる。夏場は、週に1回飲水に混ぜ、レース帰還後は必ず与え、冬場は2日に1回与える。

こうしてスコール通り6番地のヤンセン鳩舎を見ると、彼らの鳩は、穀物と水、またそれに混合され

全ての鳩が入舎してきた。
彼らは皆、健康に満ち溢れ、与えられた餌
を余すことなくついばんでいる！

る副食品を与えられる以外、何一つとして定期的な予防治療などといったものは受けていない。なにしろ、ヤンセン兄弟自身がそれをやろうとも思わないのである。薬というものは、本当に極端なケースだけに用いられるが、彼らにしてみれば、それも稀であった。

ヤンセン・ピジョンが他の鳩舎へ移動すると、すぐに太ってしまうなどという考えがあるようだが、その問題に関しては、理論家に任せておいた方が良いであろう。

ヤンセン兄弟のささやかな鳩舎

シンプル・イズ・ザ・ベスト！

私はシャレルと屋根裏の鳩舎へ上がった。ここは外と比べると冷やっとしているが、鳩にはどうってこともないようである。それどころか、剥き出しの瓦の下で、結構居心地良さそうにも見える。鳩達の羽根は滑らかで、孔雀のように輝いているように見える。

シャレルは、私が寒そうにしながら、瓦と瓦の隙間から外を見るようとする様子を眺めて、ニヤッと笑った。彼は、私が何を考えているのか分かっていたのである。一方の私は、口を開こうにも、どう言っていいかわからなかったのである。

私は、この人物に対して、昼夜の気温の違いとか、或いは換気、採光について、私の知っている理論を説明するべきだろうか？　そんなことを考えていた。もし彼が、世界鳩界から注目を集めるような人物でなかったら、私はそのような講釈をたれていたかもしれない。

私は、ここにいる鳩がいかに素晴らしい健康状態にあるかを見た時、二重の壁、二重熱遮断ガラス窓の鳩舎で飼われている私の鳩と比較して、全く意気

ヤンセン兄弟が“ラン”と呼ぶ、唯一庭にある鳩舎。

屋根裏のナチュラル・システム鳩舎。剥き出しになっている屋根瓦が部分的に開いているのが見える。天井は厚い板で組まれている。餌を与える板の下側にも巣箱がある。ワイヤーで、屋根のトラップが開閉する仕組みになっている。

消沈してしまったのである。と同時に、私がこの聖なる鳩の殿堂の中で、自由に写真撮影することが許されたことを誇りに思った。

この鳩舎こそが、あの有名な〝スカーリー・ブラウヴェ〟や〝ヴォンダーフォスケ〟、その他多数のチャンピオン鳩の子孫が住んでいる場所なのである。そして更に重要な事は、鳩の美しさ、鳩質、それに健康度といったこと全てが、半世紀前とちっとも変わらず、ここにはいつも揃っているのである。

私たちのすぐ目の前には、何年か前にベルギー・オランダ合同レースで優勝した、あの見事な〝ブラウヴェ・ファン・ド・スケルペ〟がいる。若鳩で4回の優勝を飾った〝ラカーチェ〟がいる。〝ヨンゲ・メルクス〟から生まれた素晴らしいレーサー〝ジッター〟がいる。1983年のトップレーサーの1羽に数えられている〝ヘールオーガー・ファン81〟がいる。そして巣箱の中には、孔雀のように気高く、黙って抱卵を続ける〝ド・019〟がいる。彼の翼にある名誉の負傷は、外から眺めてもはっきりと分かる。

どの鳩も全て、彼らの先祖同様、信じられないほどの健康に満ち溢れている。これを見れば、誰もが『ヤンセン兄弟は完璧な鳩舎を持っているに違いない！』と思うであろう。しかし、この鳩舎にいたっては、ごく一般的に受け入れられている理論に従ってはいないのだ。

ヤンセン兄弟の鳩舎で、これといった特別な事などない。他の著名鳩舎の多くが、成功を収めるにつれ豪華な鳩舎を建てたがるのとは対照的に、ヤンセン兄弟達は決して、大きくて立派な鳩舎を建てようとは思わなかった。

〝鳩〟のための鳩舎

彼らは、屋根裏に4部屋と庭に1部屋、いわゆる〝ラン〟と呼ばれる鳩舎を持っている。この〝ラン〟と呼ばれる鳩舎は、裏庭の隅にある何の変哲もない、吹きさらし、雨ざらしの白い小屋である。ほとんどの人は、これが種鳩鳩舎だろうと思い込んでしまうようだ。

ブラウヴェ・ファン・ド・スケルペ＝Blauwe van de Scherpe
ラカーチェ＝Rakkertje
ジッター＝Zitter
ヘールオーガー・ファン81＝Geeloger van 81

父ヘンリーの時代からそうであったが、ここアーレンドンクには、明確に種鳩鳩舎と言えるものがない。なぜなら、作出を行うに値しない鳩は、飼っておくにも値しない、という考えを彼らは持っているからである。即ち、ヤンセン鳩舎にいる鳩は全て種鳩であり、あらゆる鳩から作出するのである。当然〝ラン〟の中にいる鳩もそうである。

アーレンドンクのその鳩舎のシンプルさは、よく知られている。屋根には、第二次世界大戦直後に何処でも見られたような昔ながらの出舎口が付いているのがわかる。訪問客が来た時に見た目が良いだろうとか、自分達もそうした方が気分が良いだろうなどという理由だけで、それを新品と取り替えようなどということは絶対に考えないのがヤンセン兄弟である。

はっきり言って、鳩舎は〝鳩〟の為にあるのである。飼い主にとっての快適さとか、他人に良い印象を与えるかどうかなどというのは、二の次である。成功を収められるのは、豪華な設備のお蔭ではない、ということが誰かに当てはまるとしたならば、それ

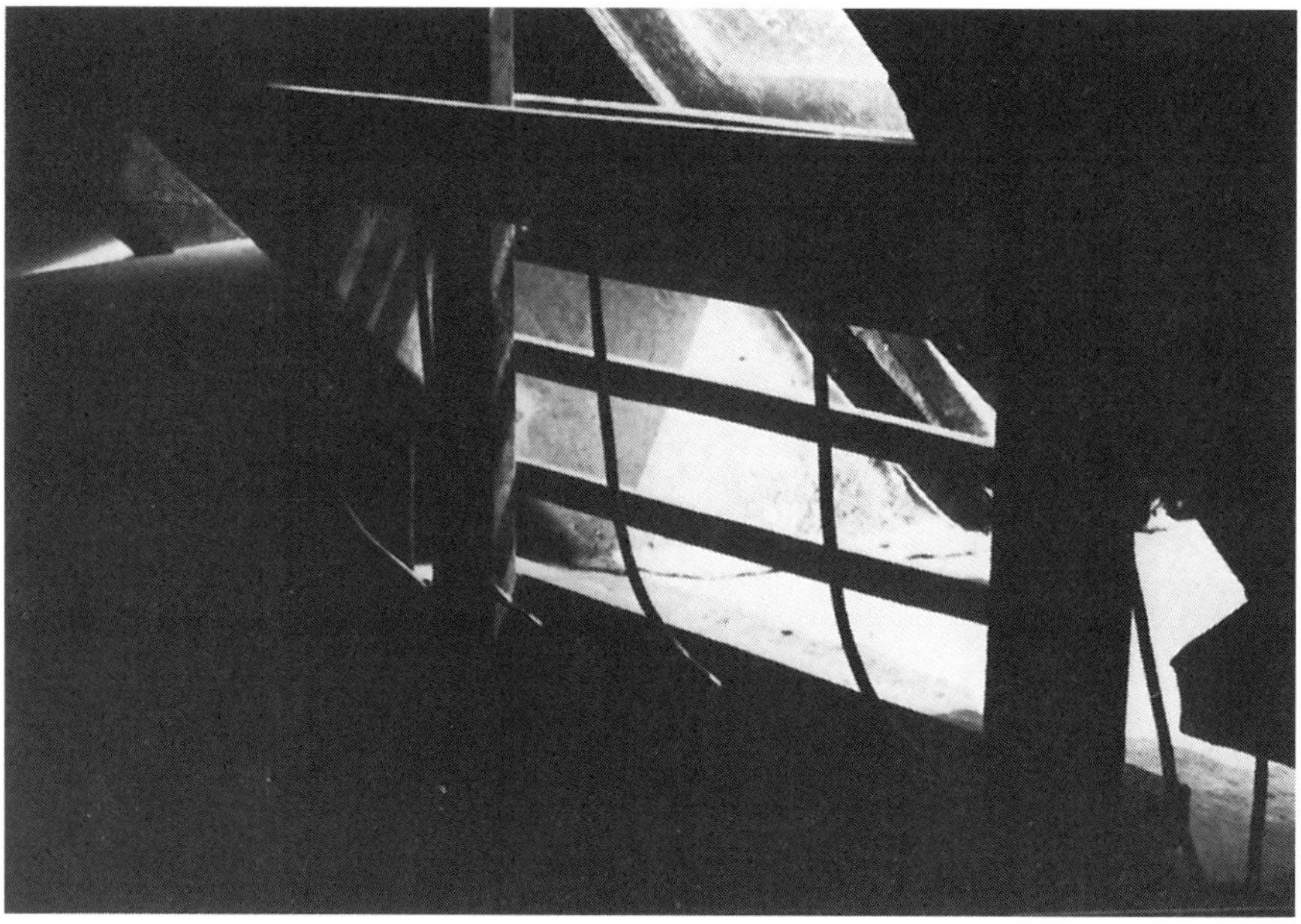

屋根裏鳩舎の入舎トラップ。
シンプルで安価だが、実用性を重視している。ヤンセン兄弟の〝鳩のための鳩舎〟という理念に充分かなっている。

はヤンセン兄弟の鳩舎である。

ヨーロッパの著名鳩舎の多くが、鳩舎設備に様々な投資をしている中で、ヤンセン兄弟の鳩舎には、湿度計もなければ、温度計も無い。自動照明もなければ、床下ヒーターや定期的に作動する換気装置なども無いのである。ヤンセンとは対照的に、まるで飛行機の操縦室にいるような錯覚を受ける鳩舎で鳩を飼っている愛鳩家も実際にはいるのである。

鳩舎で使われる木材に石灰やペンキで色を塗って豪華に見せることがあるが、ヤンセン兄弟は、それすら鳩の健康のためには良くないと考えている。

チリ一つない鳩舎

実際、彼らが最も重要だと考えているのは、換気と衛生である。ヤンセン鳩舎の鳩は、いつも隙間の開いている屋根瓦のすぐ下にいた。それは現在も変わってはいない。そして彼らの鳩舎は、あまり好ましくないとされる南西を向いている。冬の間は、雪が吹き込み、鳩舎の中で雪かきをしなければならないことがしばしばあった。風の強い日には隙間という隙間から風が吹き込み、仕切られた部屋の中にいても、髪の毛が風に吹かれた。

昼夜の気温差は最小限に抑えないといけないであるとか、湿度は何パーセントが丁度良いだとか、換気は1日何回だとか、そういった理論は、ヤンセンの鳩舎に当てはまらない。そのようなことは、知ったかぶりをする人や物書きに任せているのである。

彼らが、唯一そういった専門家達の意見と完全に一致しているのは、鳩を健康に保つには、衛生が最も重要だと見なしている点である。シャレルが糞掻きをする為に、1日に何回鳩舎へ上がっているか、私にはとても想像がつかない。

私は友人として、またこの本の著者として何度もアーレンドンクを訪れた。そこで小1時間も話をしていると、シャレル、或いは以前であればアドリアーンが、急に立ち上がって、糞掻きをしに鳩舎に上へ行ってしまったりしたものである。

週に1回は、掃除機でほこりを吸い取り、タワシとモップも定期的に使われている。そこまで徹底的に清掃されているため、壁には小羽根や塵でさえ付いていないのである。

彼らは、だらしがない鳩飼いが大嫌いである。そして私がシャレルとルイに、最近注目が集まっている〝ディープ・リター方式〟（※この方式に関する詳細は一二六頁参照）について聞いた時も、彼らは意味ありげな笑みを浮かべながら、『ああ、それは楽だよねー』と答えたのである。

“ラン”の中に立つルイ。ほとんどの愛鳩家は、これを種鳩鳩舎だと思い込んでいるが、それは間違いである。上を見ると、張り巡らされたワイヤーの向こうには、やはり剥き出しの屋根瓦が見える。このワイヤーは防犯システムである。パネルに貼られているステッカーには、次に作出されるヒナ鳩の購入者の名前が明記してある。

第三章　素朴なノウハウの成果

ヤンセン兄弟は何のマジックも持ち合わせていない。一家を挙げてクレージーなまでの情熱と鳩への愛情が驚異的な成功をもたらしていく。「偉大」というコインの裏側にはいつも「素朴」がある。

ヤンセン兄弟にとっての若鳩レース

〝若鳩レース〟ブーム

ベルギーでは、１９６０年代初頭から若鳩レースが大変盛んになった。またその後、オランダでも同じように注目されるようになったのである。ほとんどの愛鳩家が、若鳩レースに興味を持たなかった時代は去ったのだ。若鳩レースでも大金が獲得できること、平均的な愛鳩家でも、強豪鳩舎を相手に戦えるチャンスが全くない訳ではないと考える風潮が生まれてきたこと、それらがこの若鳩レース発展の要因だと考えられる。

実際、若鳩レースでは、鳩の健康度が本質的に重要な意味を持っているのである。鳩質において多少劣っていても、完全に健康な若鳩は入賞出来る。或いは上位入賞でさえ可能なのである。

しかし、この若鳩レースの発展を諸手を挙げて支持するべきかどうかは、また別問題である。特にベルギーでは、若鳩レースへの関心の高まる中で、若鳩レースのスケジュールが年を追うごとに早まっているのである。そしてその結果として、多くの愛鳩家が住む地域において、５月初旬に始まる成鳩レースに注目が集まるのはせいぜい中旬までとなってしまった。その後、愛鳩家たちの注目はもう若鳩レースへと向いてしまうのである。

１９５０年代にはまだ、４５０キロなどという距離のレースに若鳩を投じるなどということは、完全に正気の沙汰とは思われなかった。しかし、現在では初心者さえも、ブールジュやラ・ステレーヌといったナショナルレースに参加している。

オランダにおいても、１９８１年にはオルレアンからのレースで、少なくとも１８万６０００羽の若鳩が互いに競い合うような怪物レースにまで発展してしまった。そして、オランダでもベルギーでも言えることであるが、全く無名の初心者の愛鳩家が、これらのナショナルレースで呆れるほどの成績を挙げては、有名鳩舎がその引き立て役に成り下がっていくのである。

若鳩レースのメリット

この若鳩レースの発展が本当に支持されているのかどうかという問題に関しては、もしも鳩レースが再び50年代の状態に戻ってしまったとしたら、間違いなく何万人もの愛鳩家が鳩レースを止めてしまうだろう。その事実によって答えは明らかである。多くの愛鳩家が、自分たちの鳩の後半生を駄目にしてしまうような重い負担をかけ酷使しているのは事実である。中には、それを意識している愛鳩家もおり、そういった愛鳩家は、単純に成鳩をレースに出さないのである。ところが、ベルギーにはこんな愛鳩家もいる。冬には1羽も鳩を飼わず、春先になると、市場や友達から鳩を手に入れてレースに参加し、それでもちゃんと成功しているのだ。

しかし、この若鳩レースの発展には、確かに良い点もある。若鳩のうちに500キロのレースで素晴らしい成績を出したことで、一体どれだけ多くの優れた雌種鳩が見つかったことであろう。こういった距離のレースでトップに来るような雌鳩は、種鳩としてもその信頼度は高いのである。150キロ位のレースでトップに来たような鳩では、判定はむずかしい。

今日、実に90パーセントの愛鳩家が参加しているほど、若鳩レースの人気は高い。有名なチャンピオン鳩舎でさえ、こういった若鳩レースに注目していた。というのも、彼らはプロヴィンシャルやナショナル・チャンピオンシップに賭けているからである。唯一、長距離を専門とする者だけが無関心であったが、その数は非常に少なかったのである。

ヤンセン兄弟も先例にならった。…………いや、〝先例にならった〟という表現は適当ではないかもしれない。なぜなら、彼らは若鳩レースを本当に楽しんでいたからである。確か一つの例として〝ラッペ〟が若鳩の時に2位を大きくリードして優勝し大騒ぎになったと、既に書いたはずである。

今日、若鳩レースに対する関心が高まっていること、又もうひとつには、ヤンセン兄弟がこの分野で大きな成功を収めていることから、私は彼らに、若鳩レースに関するいくつかの質問を投げかけた。そして、シャレルとルイはその質問に対して正直に答えてくれたのである。その答えによって、ヤンセン兄弟の成功の秘密が隠されてるベールの裾が、少しでも持ち上がるのではないだろうか。

Q．若鳩レースで成功を収めたいがために、最近では誰もが冬の作出を行っています。ヤンセン鳩舎でもやっていますか？　そして、これについてどのような意見を持っていますか？

A．冬の作出をやったことはありますし、その冬の作出で、大変良い鳩が生まれたこともあります。しかし幅広い視野を持てば、こういった冬の作出はあまり良い事ではないと思います。だから冬の作出を奨励することはしません。

私たちの父親はこれには猛反対でした。父は、冬の作出が自然の法則を大きく歪めることになると信じていたのです。だから冬の作出は、私たちの鳩舎では〝システム〟にはなっていません。

しかし、ここベルギーでは、早い時期から若鳩レースが始まるので、私たちは通常7ペアをクリスマス前後に掛け合わせています。これは本当の冬の作出とは言えないでしょう。なぜなら、冬の作出を専門にやっている人達は、もう11月の終わりには交配しているのですから。

Q．若鳩の〝舎外〟はどうしていますか？　自由舎外ですか？

A．巣立ちして飛べるようになった若鳩は、出来るだけ自由に舎外するようにしています。最低1日3回は舎外します。出来るだけ早く周囲の環境に慣れさせ、覚え込ませる為です。成長してある程度の

屋根裏にある若鳩鳩舎に上るシャレル。
少ない羽数でレースに参加するヤンセン兄弟は、若鳩がトップコンディションになる抱卵中かヒナ抱きの時にレースに持ち寄るのである。最高の結果を得るために・・・・。

距離で訓練を開始する段階になったら、若鳩が覚えなければならない事は、まず仕付けとか行儀です。彼らは私たちが望む通りに振舞わなければならないし、舎外運動は朝と夕方だけです。巣立ちした時のように、自由に舎外ができるなんてことは、全く不可能、やらせてはいけません。

Q. 若鳩の〝訓練〟に関しては、どのような考え方を持っていますか？〝舎外〟とは別に、〝訓練〟をやるべきしょうか、それとも不必要でしょうか？

A. 徹底的に何度も訓練を行うというのは、確かに何らかのメリットはあるというのが、私たちの考えです。私たちも昔は今より、この〝訓練〟に注目していました。よくやっていたのが単羽訓練で、それは現在でも続けています。

一部の愛鳩家は、若鳩をいろんな方角から放すような訓練をやっていますが、私たちはそれほどの訓練はやりません。若鳩をいきなり長距離で飛ばしたりするような事も、他の人はいざ知らず、絶対にやりたくありませんね。私たちは、いつも細心の注意を払いながら先へ進んでいきます。所詮、彼らは若鳩に過ぎないのであり、成鳩よりも挫けやすいのです。最高に良い鳩でさえ、若鳩の時に失踪する率が高いことは、もう繰り返し証明されているのです。特に健康状態があまり良くない時であればなおさらなのです。

（ヤンセンの主張が正しいことは、既に例証されている。今年83年の夏）は、いたる所で若鳩を失ったことで悲嘆の声が聞かれた。その原因には、失踪した若鳩が、ほとんど訓練を行ったことがなかったか、或いはレース経験もほとんど無かった状態で、たまたま悪天にぶつかったということが多かった。これは特に海に近い低地の地方で見られた現象であった）

失踪して他の鳩舎に迷い込んだ鳩は、絶対に良い鳩ではないと言う愛鳩家もいます。しかし、私たちが名声を築くのに大きく貢献した〝スカーリー・ブラウヴェ・ファン32〟に昔何があったか覚えていますか？〝訓練〟で失踪し、それをジェフが100キ

→長さ約3メートルの若鳩鳩舎

↑屋根裏の鳩舎には若鳩の部屋もある。ナチュラル・システムの部屋では、鳩は好きな場所で抱卵している。また、この部屋も屋根瓦が剥き出しになっている。

ロも離れたサン・ニコラースから引き取って来たことを……。

Q. 若鳩レースをされる際、どういった状態で参加するのが良いでしょうか?

A. レースに参加するという時は、勝つことが目的で、勝つためにレースに参加します。これは昔も今も変わりません。未だかつて、優勝を狙うために、数多くの鳩をレースに参加させたことは一度もありません。私たちがレースに投じる鳩は、たとえそれが若鳩であろと成鳩であろうと、どの鳩も優勝出来る状態でなくてはならないのです。だから日曜日のレースには、期待の高い若鳩だけにゴム輪を入れるのです。何十羽もの鳩を参加させて、その中の1羽が、何かの拍子に上位に入賞するなどということは、1度としてやったことはありません。

　私たちは、次のようにやっています。まず、若鳩達をキエブレ（140K位）と同じくらいの距離から訓練します。彼らが充分に経験を積み、鳩舎への最短コースを飛べることを示すことが出来れば、訓練はそこで一旦中止します。その時点から、鳩が最高のコンディションに達するのを待つのです。それは通常、抱卵中かヒナ抱きの時なのです。

　このような方法で、本当に少ない数の若鳩で戦う訳ですが、彼らは皆、戦闘体制が出来た状態で放鳩地へと向かうのです。勿論、つがいになっていない若鳩でもレースに投じることもあります。但し、その鳩が確かなフォルムといえる最高のコンディションで、帰巣心も頂点に達していると、私たち判断した場合に限ります。

　ナチュラル・システムで、卵やヒナを抱えたトップコンディションの若鳩が、最高のレース日和の下で入賞出来ないとしても、落胆してはいけません。例外もあるのですから。

　1954年にヘールで行われたレースに若鳩を参加させたことがあります。この時、6羽参加させて6羽入賞し、優勝から4位まで独占という成績を挙げました。（成鳩部門でも、優勝から4位までを独占）この中には〝フーデ・ブラウケ・ファン54〟も

フーデ・ブラウケ・ファン54＝Goed Blauwke van 54

含まれていました。彼女は、〝ブラウヴェ・ファン48〟と〝スコーン・リヒト・ファン51〟から生まれた娘で、後にもっと多くの優勝を飾った鳩でした。

その翌週もその入賞鳩達は、完全なコンディションを備えていました。そして、またしても優勝以下4位までを独占したのです。ただ驚いたことに、最高のコンディションで参加したはずの〝フーデ・ブラウケ・ファン54〟だけが遅く帰還したのです。

だから、このような例外は本当に起こるのです。しかし、これこそが私たちの戦略ミスのせいには出来ない例外だったのです。いずれにせよ、良いコンディションの若鳩が、最高のレース参加体勢でレースに参加してもうまくいかない時は、私たちは徹底的にその原因を探ることにしています。

Q. 最高の若鳩は、必ずや最高の成鳩になるものでしょうか？ ヤンセン鳩舎にいる数多くのチャンピオンは、若鳩で好成績を挙げていましたか？

A. 最高の若鳩というものは、そのほとんどが後になっても最高の成鳩となっています。だからこそ、若鳩レースでの結果が、その鳩の素質について色々と教えてくれると信じているのです。私たちの優れたレーサーのほとんどが、その能力を若鳩の時に示しています。例外は僅かでした。その例外とは、私たちの有名な〝スケルペ〟です。彼は、若鳩でのシングル入賞はたったの1回で、それはキエブレでの3位入賞でした。しかし年が経つにつれて彼はレーサーとしても、そして特に種鳩としては恐るべき真価を発揮し始めたのです。

Q. 若鳩をレースに使って、駄目にしてしまうようなことはあるでしょうか？ 言い方を変えれば、若鳩を頻繁にレースに参加させることで、後々使いものにならなくなる危険性はありますか？

A. それに関しての見解はいろいろでしょう。本当に良い鳩であれが、多少のストレスなどには耐えられるし、そう簡単につぶれてしまうようなこともないでしょう。しかし、並の鳩であれば事情は違います。そういった鳩には、ついつい無理を強いがちなのです。しかし、私たちにとっては、並の鳩は飼う必要もないのです。

エース級の鳩は、どんな困難にも立ち向かうことができ、そう簡単にはつぶれることはありません。もしも鳩に無理が過ぎている場合は、一人の愛鳩家として、それにすぐ気がつくようでなければいけません。なぜなら、体力がもっとも充実している鳩だけをレースに参加させなくてはならないからです。さもなければ、たとえ素晴らしい鳩であってもつぶれてしまいます。

Q. 若鳩を長距離レースに参加させることについては、どのような考えを持っていますか?

A. もしも天候が良くて、当日レースであれば、若鳩を長距離レースに参加させることも、絶対的に反対する訳ではありません。しかし、その鳩舎の将来を担うべき最高の若鳩にとっては、あまりにも危険が大き過ぎると思います。良い鳩というものは、そうむやみやたらに作出できるものではありません。だからこそ、慎重にならなければならないのです。

いずれにせよ、私たちは翌日レースを支持したことはありません。こういったレースは、あまりにも危険性が高く、〝運〟という要素が勝敗を決める度合いが大きいのです。

Wシステムとナチュラル・システム

ナチュラルにこだわる

『もしWシステムが流行っていなかったら、今日に至るまで、私たちは完全無敵だったでしょう』。これは、ルイ・ヤンセンが、ごく親しい友人に漏らした言葉である。

ヤンセン兄弟は、作出をする際には暗めの方が良いと考えている。縦に長いパネルは開閉が可能になっており、閉めると巣箱内が多少暗くなる。
左最上段にいるのが“ブラウヴェ・ファン・ド・スケルペ”で、栗の鳩は中央下段に1羽いるだけである。

彼は何を言わんとしたのであろうか。

さて、レースで勝ち抜くためには、まず良い鳩を持ち、次にそれが健康な鳩であって、そして愛鳩家自身にそれを調教するだけの力量が備わっていなければならない。

ヤンセン兄弟は、健康で尚且つ素晴らしい鳩質の鳩を飼ってきた。それに加えて、ヘンリー、アドリアーン、シャレル、ルイ、それにフォンスは、並外れて有能な感性をもっていた。このことは、彼らが今日に至るまで、ナチュラル・システムの鳩でWシステムの選手鳩に戦いを挑み、それに勝つことに成功し続けたきたことによって、きっちりと裏付けられている。

※ヤンセン兄弟が言うナチュラル・システムとは、いわゆるネスト（巣）・システムのことで、即ち、抱卵またはヒナを抱いた状態でレースに参加させることを指している。

ルイが言いたかったことは、Wシステムでレースに参加するにあたり、ナチュラル・システムに必要な才能と力量が要求されるなら、誰1人といえどもヤンセン兄弟に勝てる人はいなかっただろう、つまりWシステムは比較的容易だということである。

ヤンセン兄弟がWシステムを開始したのは比較的遅く、1951年のことであった。なぜなら、父親のヘンリーが、Wシステムには反対意見を持っていたからである。

父親の死後、慎重に少しずつの鳩でWシステムが開始された。しかし、ナチュラル・システムも同様に今日まで続けられている。

早くなるペアリング

鳩質が優れ、コンディションも最高であれば、ナチュラル・システムの雌鳩でも、Wシステムの雄の選手鳩を迎え撃つことが出来るということは、一般的によく知られている。また、ナチュラル・システムの雄鳩でさえも、鳩質が優れていて、飼い主が鳩の飛ばし方を知っていれば上位入賞出来るということを、ヤンセン兄弟は数多くの実績で示している。

この点については、アドリアーンは鳩を飛ばす芸術家だったと言っても過言ではない。ナチュラル・システムの鳩は、アドリアーンの手に掛かれば、Wシステムの選手鳩をものともしなかった。

現在、ナチュラル・システムの選手鳩は、気候さえ許せば、毎年末にペアリングされている。その理由には、人為的に暖房を施して、鳩が好む環境を作るというのは、ヤンセン兄弟のスタイルに反しているということが挙げられる。どんな時でも、自然の法則に反することは、可能な限り避けられてきたのである。それには、当然暖房も含まれる。

かつては、2月2日頃にペアリングが行われていた。2月2日、即ち〝聖母マリアのお清めの祝日〟は、ベルギーでは長年〝ペアリングの日〟とされてきていたのである。なぜなら、この時期の数日間は祝日となり、人々は仕事をしなくてよかったのである。アドリアーンのみならず多くの愛鳩家は、ペアリングにかなりの時間と苦労を要したので、この祝日を〝ペアリングの日〟に充てるのが理想的だったのである。

ペアリングは、ただ単に雄鳩と雌鳩を一緒に巣箱に入れるだけではない。ペアリングには、かなりの時間と労力が要する。最近では昔よりも早い時期にペアリングする。その訳は、今日のベルギーでは若鳩レースがかなりの割合を占め、少しでもより成長した若鳩が必要なのである。

現在、若鳩レースは成鳩レース並に早い時期に始まる。つまり、ヤンセン兄弟が望んでいるよりも早くペアリングすることを、強いられているというのが現状である。そこで、彼らは12月の末に何ペアかを交配するのである。しかし、それは〝冬の作出〟とは言えない。本当の〝冬の作出〟のスペシャリスト達は、早ければ11月末にはペアリングを開始しているのだから。

ヤンセン兄弟がこれまでに作出した中でも、最高のナチュラル・システムの雄鳩がいる。ナチュラル・システムでレースに参加したにも関わらず、Wシステムの選手鳩に匹敵する実力を示した。その鳩は、偶然にも冬の交配から作出された〝ヴィンテルヨンゲン・オイト・ブラウヴェ・ファン48〟(48年生まれのブラウヴェの冬っ子)であった。

ヴィンテルヨンゲン・オイト・ブラウヴェ・ファン48＝Winterjongen uit Blauwe van 48

ヒナは1羽だけ…

ナチュラル・システムでレースに参加する雄鳩は、生後12日目のヒナ抱きで持ち寄られるのが理想的である。その時期が一番精力的でモチベーションが高いのである。ナチュラル・システムで飛ばされる雌鳩は、抱卵15日目、または生後8～12日目のヒナを抱かせた状態が良いと、ヤンセン兄弟は考えている。

ヤンセン兄弟は、ナチュラル・システムで飛ばす鳩に関しては、決してトリックを用いることを好まなかった。特に父親のヘンリーはそうであった。アドリアーンは、もし雄が余りにも雌を巣皿へ追うような場合には、その雌を外すようなことも試みてみたこともある。しかし、それが全てであった。

ヤンセン兄弟がナチュラル・システムにずっと忠実であり続けるには、他にも根拠がある。彼らは、Wシステムの雄鳩の数に比べて、十分過ぎるくらいの〝ナチュラル・ペア〟（約12ペア）を常に持っていた。つまり、彼らにとって膨大な鳩の注文をさばく上で非常に有効であったということである。

アーレンドンクにおいては、一つがいの鳩に2羽のヒナを育てさせることに対しては、常に反対意見を持っていた。だから巣立ちした若鳩での分譲はなるべく避け、巣皿の中にいる小さなヒナのうちに売ってしまっていたのである。そうして、親鳩の許には1羽のヒナ鳩だけが残ったので、その負担は目立って軽かった。

〝ヤンセン兄弟は生後6日乃至8日位のヒナ鳩を分譲する〟、ということを悪用するような意地汚い人々が存在することは、ベルギーやオランダではもう有名である。

WシステムとNシステムの給餌

ヤンセン兄弟の意見によると、給餌のやり方はナチュラル・システムの鳩の場合、決定的に重要な意味を持つ。成功するか否かは、これに大きく掛かっているのである。

特に注目したいのは、ナチュラル・システムの選手鳩だけでなく、Wシステムの雄鳩が毎朝与えられ

ナチュラル・システム用の巣箱。
ヤンセン兄弟達は、鳩は出来るだけ暗い場所でブリーディングを行うべきだと考えている。

る餌の内容である。それは小粒の種子類だけから成っている餌である。即ち彼らには、1粒たりともトウモロコシだとか、エンドウ豆、ソラ豆などは与えられないのである。

現在、ヤンセン兄弟は昔ほど若鳩訓練はやっていない。実際にレースで使われる放鳩地からの個人訓練を3回ほどやった後、ハイスト・オプ・ドベルク（38キロ）、ハレ（88キロ）、そしてキエブレ（140キロ）へ参加するのである。これは勿論、Wシステムの雄鳩についても同じことが言える。昔はもっと若鳩訓練を行っていた。その頃は、ウィリアム・ヘールツがやっているように、個々の鳩が方向判定の能力を養うべく単羽訓練も行われた。

現在ではそれが少なくなってしまったが、それはヤンセン兄弟が、それほど重要ではないと確信するようになったと同時に、肉体的にもそこまで出来る年ではなくなったからである。人間70歳を過ぎると、それが報われるかどうか確信出来ないことには、なかなか身を投じることが出来なくなるものである。そういったことを除くと、レースの飛ばし方に関して、向こう見ずになることは決してなかった。従って、彼らがノヨン（245キロ）に鳩を送る場合は、危険を最小限に抑えるために、必ずキエブレから訓練レースを最低2回はするのである。

既に4月の時点で、期待していた鳩を失ったり、数回のレースで若鳩をごっそり失ってしまったりして嘆いている人々の悲鳴を聞けば、ヤンセン兄弟の考え方が間違っていないのが分かる。

アーレンドンクでは、若鳩は成鳩以上に慎重に扱われている。これらの鳩は、ノヨンに参加する前に、必ず何回かはキエブレから飛んでいるのである。

Wシステムでの成功

既に触れたように、Wシステムは1951年に開始された。これは、父ヘンリーの死後2年目のことであった。これが決して偶然ではなかったという事を、読者の方々もお分かりであろう。父ヘンリーはWシステムにずっと反対し続け、1949年の時点で既にWシステム用の鳩舎が建っていたにもかかわ

ハイスト・オプ・ドベルク＝Heist op den berg
ハレ＝Halle
ノヨン＝Noyon

らず、野心満々の息子達がWシステムでレースしようとするのを許そうとはしなかった。

父親の死後、4羽の鳩だけでWシステムは慎重に始められた。それらは〝アウデ・ドンケレ〟〝アウデ・リヒテ〟〝ロード・フォス〟それに〝ドンケレ・フォス〟の4羽である。

最初の2羽は有名になった。後の2羽は、当時Wシステムの鳩の約半数を占めていた栗の鳩であるが、絶えずその数は減り続けていた。

一様に1950年生まれであったこれら4羽のWシステム選手鳩は、1歳の時に非常によく飛んだ。それは、同じ頃にWシステムを開始したティスト・エイセンと『この事は出来るだけ黙っていよう』と取り決めを結ぶほどに成功した。競争相手の気をそらすために、持ち寄りの時は雄の選手鳩と雌の選手鳩をごちゃ混ぜにして持って行った。この点については、どの愛鳩家も皆同じことをやっていたはずである。しかし当然のことながら、秘密は長く保てるものではなかった。

1950年代には、ナチュラル・システムでレースする愛鳩家はもはや例外になるほど、Wシステムは普及していた。

〝リヒテ・ファン・1950〟については、興味深い話がある。ファンネがこの鳩の卵を一腹購入し、その内の1羽から世界的に有名な〝パトリック〟の母親が生まれたのである。

1983年のダックスNレースの優勝鳩を生んだマルセル・ブラークハウスの〝ゴールデン・ペア〟には、この〝パトリック〟の血が流れている。同様に、レイムント・ヘルメス鳩舎の1983年ポーＩNレースの優勝鳩にもこの血が流れているのである。

生命力が漲るレーサー

ヤンセン兄弟は、そんなに多くのWシステムの選手鳩を持ったことはない。いつも14羽前後であった。

彼らは2月12日に交配され、ヒナは1羽しか抱かない。抱卵10日目には、雌鳩は分離される。これはベルギー、オランダではクラシックなシステムである。朝7時と夕方17時には、Wシステムの選手鳩の

ロード・フォス＝Rode Vos
ドンケレ・フォス＝Donkere Vos
リヒテ・ファン1950＝Lichte van 1950
レイムント・ヘルメス＝Raymund Hermes

自由舎外が行われる。その時、入舎口は閉鎖され、Wシステムの選手鳩達は締め出された状態になる。湿った気温の低い天気の時には、舎外は行われない。

ヤンセン兄弟のWシステム選手鳩は、ほとんど遠征しないのだが、それは全く重要ではないというのが彼らの考えである。1度旋回しただけで屋根に止まる選手鳩が、得てして日曜日のレースでは1番に帰ってくるといったことが、珍しくないのである。

それでは、一体何が最も重要であるのだろうか。Wシステムの選手鳩は、いきいきとした生命力を示していなければならない。一瞬たりともじっとしているような鳩では、コンディションが良いとは言えないのである。彼らが、本当に些細な事にさえ、驚いて逃げ飛ぼうとする様子を見せた時は、次のレースにはかなり期待出来るのである。特にヤンセン兄弟が好むのは、Wシステムの選手鳩達が喧嘩ごしであったり、その反対にビクついているように神経を尖らせている状態の時で、それがまさに『はまった』状態と彼らは捉え、その状態を大切にするのである。

Wシステムの選手鳩達は、鳩舎内では自由であるが、餌は個々の巣箱で1羽ずつ別々に与えられる。これが非常に正確に行われるのは、僅かの小粒の餌さえも残させない為なのである。

Wシステムの成鳩選手鳩の場合は、持ち寄りの前に雌鳩と会うことはない。ただ巣皿が表にひっくり返されるだけである。1歳鳩の場合は事情が違う。1歳鳩は、まだWシステムの手順を学ばなければならない段階であるため、持ち寄りで籠に詰められる前に何回か雌鳩に会わせられる。レースから帰って来た後は雌鳩と再会し、彼らの結婚生活をエンジョイすることが出来るのである。しかし、それは僅か2時間のことで、またすぐに雌鳩は隔離されてしまう。

〝Wシステムの選手鳩舎は暗くする〟ということが流行していても、ヤンセン兄弟はこの方法をとったことは一度もない。だからといって、日光を一杯浴びさせる……、というのは極端な話である。『Wシステムの選手鳩は、鳩舎の外でスズメが飛んでいるのさえ、見てはならないが、鳩舎の中は出来るだけ明るくあるべきだ』と、シャレルは語る。

Wシステムの選手鳩も、レース帰還後だけは、扱われ方が少し違う。雌鳩が鳩舎から取り除かれると、彼らは各々の巣箱に閉じ込められ、鳩舎も暗くされる。しかし、これは1日しか続かない。酷く興奮している鳩が落ち着けば、また明るくされるのであう。


多くの愛鳩家にとって興味のある問題は、選手鳩を4月中旬から7月末まで、即ち3ヶ月以上もの間、Wシステムの状態で維持出来るかどうかという点である。ヤンセン兄弟は、それは充分に可能だと考える。Wシステムの選手鳩のコンディションと参加体制を3ヶ月以上維持することに成功している愛鳩家が非常に少ないのは、彼ら自身に原因があるのである。Wシステムを行う場合、それをこなせないほど数多くの重要な役割を愛鳩家自身が背負っているのだ。この課題を乗り越えている愛鳩家が少ないことは事実である。

ヤンセン成功の裏側

幻想の種鳩ペア

ひとつの鳩舎が半世紀以上もの長きにわたって、素晴らしい鳩を作出し続けることに成功している理由は何か。一体どうしたら、それほど長い間とびぬけた成績を出し続け、また同時にすば抜けた鳩質の鳩を売っていられるのであろう？　多くの愛鳩家が疑問として持ち続けた。

その答えを知っていると考えている者がいるとしたら、それは大きな間違いである。この否定できない事実、同時に不可思議な事実の根底には、様々な要因が隠されているのである。シャレル、アドリアーン、或いはヘンリーは、1羽の鳩を見て、その鳩が優れた遺伝力をもっているかどうかが分かるんだ、などということは、日和見主義者の考えることである。ヤンセン兄弟自身、そういった事を聞いたら大笑いするでしょう。

また、ヤンセン兄弟の誰か1人は、どの雄にはどの雌を交配したら良いか分かっている、というのもあまりにも単純である。もし、1羽のスーパーピジョンの作出は、そのほとんどが純粋に運不運によるのだとヤンセン兄弟が主張すれば、それも意味もないものとなってしまうのである。

ここで驚くべき事は、よりによって他には類例がないほど多くのスーパーピジョンを作出したあのヤンセン兄弟が、このような主張をするところにあるのである。

しかし、こういったスーパーピジョンのほとんどは偶然で生まれたのだ、という事が記事として書かれがことがあるだろうか？

私たちジャーナリストはその活動の中で、オランダ、ベルギー両国において多くのトップ・クラスの鳩について知る機会があった。そして私たちはその所有者を訪ね、これらの鳩がどのように作出されたかを学んできたのである。そして少しずつではあるが、真実が明らかになっていった。

意図して組まれた素晴らしい種鳩ペアなど、幻想にすぎない。誰でもがそうであった。チャンピオンを作出する為の良い種鳩ペアなど存在しなかった。鳩舎の中で1羽のスーパー・レーサーが生まれ、そしてその後初めてその両親が分かり、最高の種鳩ペアと見なされているのである。『国際的に知られるほどの有名な種鳩ペア』のほとんどが、こうして誕生しているのである。

真の〝鳩の鑑定家〟

では、貴方がたの種鳩を交配して高額の謝礼を貰っている、いわゆる〝鳩の鑑定家〟と呼ばれるような人はどうだろう？　私たちも彼らのような人々のことは知っている。彼らはほとんど例外なく、鳩界にとって実在などしない人々である。マーナーなど全くなく、ズケズケと自分達の言いたい事を言い、或いは書いて相手をけなす。

↑有名なラインの種鳩ペア。灰胡麻の雄は、“ジッター・ファン1978”の兄弟（“ヨンゲ・メルクス・ファン1970”の息子）。薄い灰胡麻の雌は、“アウデ・ラケット”の娘である。

→他のヤンセン・ピジョンより、やや濃い胡麻の大変美しい鳩。彼は〝アウデ・ヘールオーガー〟の孫にあたる。

彼らは、だまされやすい金持の愛鳩家を狙っている。そして、ほとんどの愛鳩家は〝頭がニブイ〟と思っており、そうした言葉を平然と口にするだけの図太い神経の持ち主なのである。それによって、彼らがいかに多額の金を受け取っているかをみたら彼らが何か正しいように見えるのかもしれない。

そういった点では、きっちりとツボを心得ているのである。

長年にわたって良い鳩を捜し求めている愛鳩家のもとで、彼らはよく素晴らしい鳩を見つけては、その鳩を誉めまくるのである。勿論、その愛鳩家は非常に満足する。〝鳩の鑑定家〟と呼ばれる人間の口からお世辞を言われて、誰が悪い気がしよう。しかし、この愛鳩家にとって唯一可哀そうな事があった。彼のもとには、そのスーパーピジョンに相応しい雌鳩がいないのである。それが問題なのだ。彼のレース成績が振るわなかった原因が、そこにあったのである。しかし、彼はラッキーであった。彼のスーパーピジョンに、ピッタリ当てはまるような雌がいて、彼が〇〇〇の金額さえ払えば、その鑑定家はその雌を売ってくれるというのである。

それまで成功には縁のなかったこの愛鳩家も、ひとつの希望が得られ、今や自分は幸運な男であると思うのである。彼には全く新しい未来が、待ち受けているのが見えるのである。そして素晴らしい幸福に包まれながら、彼が手にした鳩にこれまでにない誇りを感じるのだ。そして、その鑑定家が要求するだけの金を渡すのである。

そんなことが続くのはせいぜい1年である。そこで、その鳩の鑑定家自身のレース成績を尋ねてみるのが賢明ではないだろうか？　そういった質問をすると、必ずや困ったような沈黙が返ってくるか、彼が何故レースに参加しないか、成績が良くないかの理由を弁解がましく強調してくるに違いない。

私の言う事を信じて頂きたい。本当の〝鳩の鑑定家〟或いは〝玄人〟と呼ばれる人々というのは、ヤンセン兄弟のように、レース成績の上位に常にその名前が出ている人々のことである。しかし、そういった時代を越えた偉大な愛鳩家は、間違いなくそれは良い鳩だの、良い種鳩だのといった事をずうずうしく断言したりしない。それに、どうしたらスーパーピジョンを作出することが出来るかを知っているなどと主張もしないのである。

こういったことを言うと、一般的に信じられてきた多くの事柄を否定することになってしまうが、アーレンドンクの兄弟達が、メンデルや彼の後に続いた学者達の法則に従ってペアリングを行っていると考える人は、何も理解してはいないのである。

更に言えば、ヘンリー・ヤンセンがカナリアの近親交配において、遺伝学のスペシャリストであったなどという話は、あくまでも作り話にすぎないということである。ヤンセン兄弟の素朴さを知っている人にとっては、彼らが科学的な考え方に如何に無知であるかということは、もはや常識となっている。

〝金〟のための鳩

世界的に有名な愛鳩家ノエル・デスケマーケルが、かなりの現実性を持った発言をしている。

『ヤンセン兄弟の強さの秘密は、彼らが自分達の鳩を売りにかけなかったことにある』

これは、非常に意味深長な言葉であるが、少なくとも、その事情に詳しい人には、よく理解できる言葉なのである。

誰かが良い成績を出すと、皆注目するものである。もしその成績が何年も持続するようであれば、人はその強豪が飼っている鳩と同じくらい良い鳩を手に入れたくなるものである。……即ち〝金〟である。

こうして、強豪といわれた愛鳩家もたちまちの内に、『鳩を売れば、仕事をするよりもずっと簡単に金が手に入る』ということを知ってしまい、この時点で既に後退の道を辿っているのである。

愛鳩家は、誰もが目立ちたいという願望を持っていて、レースで好成績を出したいという気持ちは抑えられるものではない。そのためには、『金も努力もいとわない』とはよく言ったものである。一方では、金の匂いをかぎつけた人は、もはや足が地につかなくなっている。確かに金は、この世で何でも手に入れることが出来る手段であった。

せっかく何年間か素晴らしい成績を挙げていなが

ノエル・デスケマーケル＝Noel de Scheemaecker

ら、自分の残った人生の為に、それらの鳩を売り尽くしてしまった人々が、一体どれだけいるであろうか。良い鳩を作出するなどということは、技術も何も要さない、まるでパイを焼くようなものである、という妄想を抱いているようである。良い鳩を作出することが、如何に難しい事であるか、全く分かっていないのだ。

或いはまた、別の行動をとることもある。彼らは、多くの鳩を安売りするために市場に参入し、もっともっと多くの鳩を飼育し始めるのである。例えば、以前は60羽の若鳩を作出すると、その内から20羽の最高の若鳩を保持していた。それが、今や30羽或いはそれ以上の優秀な若鳩を保持しようとするのである。結果、それがその鳩舎の平均的鳩質に影響を及ぼすのである。

もし、彼らがそれに応じて、選手鳩チームも増やすのであれば、それもそれほど悪いことではないであろう。レースに使えば、二級品の鳩はすぐに見極められる。すると、その愛鳩家の成績もまた向上することになるからである。

しかし、そう簡単にはいかないのである。

金賭けに成功したことによって、もっと金賭けしようと、もっと多くの鳩を飼い始める。それまでは、ひとつかみの鳩で満足していたのが、何ペアもの種鳩を飼育しなければならなくなるのである。それが、平均的な鳩質の維持にとって負担となることは、明らかである。成功を収め、鳩の需要が増えれば増えるほど、種鳩鳩舎だけがより補強されていくはずである。多くの種鳩ペアを飼育することは、より多くの若鳩を売れる可能性を生むことになる。

それら種鳩の多くは、ただ単に分譲目的だけのために飼育され、その種鳩としての本当の価値は、全く無視されてしまうのである。そして、その時になって初めてその愛鳩家は現状に気がつくのである。彼の鳩質もレースでの成績も著しく衰えてしまったことに…。

鳩は、待って買う

愛鳩家というものは、何かうまくいかないとその原因を彼の鳩質に持たず、他に捜そうとする奇妙な傾向がある。このような状態に陥っても、彼らは未だ警戒もせず、また反省もせず、またいつかあの古き良き時代が戻って来ると思っているのである。その上、鳩売りの方は未だ悪くはなっていないのである。しかし何年かすると、その愛鳩家もすっかり姿を消し、人々から『○○さんというような鳩飼いがいたが、覚えているかい？』といった存在に過ぎなくなってしまうのである。

もしこういった先例が当てはまらない愛鳩家がいるとしたならば、それがヤンセン兄弟であろう。たとえ鳩を売って欲しいという問い合わせが膨大な数になろうとも、彼らはそのかされて種鳩の数を増やしたり、鳩舎を増築したりすることを決してしなかった。

鳩の注文の数がうなぎ上りに増え続けるにつれ、疑わしい鳩質の鳩を飼うことは、許されなくなってきたのである。その上、鳩の飼育羽数が多ければ多いほど、全体を把握することが難しくなることが、彼らにははっきりと分かっていた。

第二次世界大戦の直後、ヤンセン鳩舎では約60羽の鳩を飼育していたが、この数は1982年から1983年にかけての冬の今日でも、その数は多少増えてはいるかもしれないが、ほとんど変わってはいない。

もしも鳩の需要が、ヤンセン兄弟鳩舎の場合のような上昇傾向を辿るとして、その上飼育羽数を増やすこともしないとするならば、そこには次のような可能性だけが残されている。――鳩を欲しい人間は、我慢して待たなければならない。ヤンセン兄弟に鳩を注文した多くの人々が、これを経験させられている。それでもほとんどの人々は、この待つということで、充分報われたのである。

ヤンセン兄弟が、自らのこの信念を貫き通すことで、彼らの成功が保たれているということに、疑いの余地はない。彼らは誘惑に打ち勝ち、飼育羽数を増やすことは絶対にしなかった。

そして、『実は売っても、その木は絶対に売ってはいけない』ということを、彼らは常に明らかにしていたのである。

更に彼らは、いつも鳩を注意深く扱い、大きな危険にさらすことは避けてきた。鳩を決して長距離レースに参加させないことで、最も価値のある中心的な鳩を失う危険性を最小限に抑えてきた。潰滅的なレースで最高の鳩を失い、それが原因で落ちぶれていく鳩舎を、ヤンセン兄弟は沢山見てきている。

ヤンセン兄弟は、多くの良い鳩を売ってきたが、最高の鳩だけは自分達で保持してきたのである。彼等はそれら最高の鳩を大切に扱い、世話をし、そして長距離レースで危険にさらすようなことは決してしなかった。そこにヤンセン兄弟の強さが隠されているのではないだろうか。

作出に秘められた真実

評価の高い近親交配鳩

愛鳩家同士の会話の中に、もしヤンセン兄弟の鳩の話が出ると、決まって出てくる意見がある。

『最近では、ヤンセン・ピジョンは異血と交配すべきだろう。ヤンセン同士の交配でも成功はするだろうが、異血で割った方がずっと成功率は高いよ』

この考え方は、実は正しいのである。そしてこのことは、科学的にも立証することが出来る。

生命力、抵抗力、それに自然な健康、或いはトップ・フォルムに速やかに達せられるような能力といったものは、レースで活躍する鳩の最も重要な要素である。近親交配の鳩は、異血交配の鳩に比べてこれらの能力がどうしても劣るのである。事実だけがこれを証明しているだけでなく、遺伝学の知識に詳しい人々が、何度となく強調してきた点である。

ここで現代の有名な学者である、アメリカのＤｒ．ホイットニーとハンガリーの遺伝学者Ｄｒ．アンカーについて言及しておこう。

彼らは、上述したような質の面で劣る近親交配か

“ド・019”の直子。彼らは皆、見分けがつかないほど、姿形がとても良く似ている。レーサーとしてはあまり振るわなかったが、種鳩としての才能は類を見ないほどである。

ド・019の兄弟鳩から生まれた、1980年代の素晴らしい雌鳩レーサーである。

ら作出された鳩は、レースに使うには相応しくないが、彼らを作出目的で使う限り、それは大変有意義である、という一般的な概念を認めている。但し、それはあくまでも異血交配の場合である。

さて、そこで大変興味深いことがある。並の鳩質ではあるが、近親で形成されたひとつの系統の鳩を飼育している鳩舎は、その鳩の中に大変に良い種鳩を持つことが、可能になるのである。レースにおける鳩の値打ちを決定するのは、尾だとか翼だとか目だとかではない。総合された遺伝的な要素全てが決めるのである。そしてこの点で、何が最も重要な要素なのか、私たちが知ることは決してないのである。

異血交配で作出された鳩から、素晴らしいレース鳩が作出されることがある。しかしその数は限られている。反対に、適当なレース成績を収めたような近親交配で作出された鳩から、素晴らしく優秀なレーサーが生まれることは非常に多いのである。この場合には、良い鳩質がより簡単に受け継がれているのである。しかし、ヤンセン兄弟ほど多くの優れた鳩質を備えた、近親交配の鳩を飼っている愛鳩家が、一体どこにいようか？　ヤンセンの鳩を異血交配することで大成功を収めることが出来た愛鳩家が莫大な数にのぼることでも、この事実は証明されている。

アンカー教授は、明らかに生命力が劣る近親交配鳩といえども、異血交配から生まれた元気な兄弟姉妹より、その鳩質において劣ると判断することは出来ないと主張している。

近親交配をすれば、その品種はどんどん純粋になっていくのである。それは明らかである同時に、非常に前向きな強みであるようにも見える。一方で、生命力、健康度、スタミナといったものは、改善することが出来ない。これらの要素は、かわるがわる鳩のレース成績に影響を及ぼす。というのも、自然の体力というものは衰えていくものだからである。

それら近親交配によって作出された鳩の、非常に密度の濃い遺伝子は、それらの鳩を非常に価値の高いものにすると、アンカー、ホイットニー両氏は考えている。近親交配によって作出された鳩は、異血交配を行う上で理想的なスタート地点なのである。その結果として、レースで活躍するのに必要な優れた特質を備えた元気の良い鳩が生まれるケースが多いとされている。

システムなどない近親交配

近親交配によって作られた鳩のファミリーとして一般的によく知られるのがヤンセン系である。しかもヤンセン・ピジョンが、他の系統の鳩よりも健康さにおいて劣るという話は聞いたことがない。

だから、良い資質を全て備え、生命力が欠如していないヤンセン・ピジョンのような近親交配で作出された鳩を異血と交配することが、理想的だと思われるのである。そういったヤンセン・ピジョンと他の鳩との奇跡的な異血交配という、驚くべき事実を知った上で、部分的にも科学的根拠を持った考え方をする人々が多いのである。

ハンガリーの遺伝学者アンカー教授は、鳩の作出についての科学的エッセイの中で、例としてヤンセン・ピジョンのことを強調している。

彼はヤンセン・ピジョンのことを、『この鳩界100年の歴史の中で、学術上最も偉大な業績を残した鳩である』と語っているのである。彼はこの点において、近親交配で作られたヤンセン系の鳩は、今日の近代的な鳩をより速く、より良くするのに貢献したとする鳩界ジャーナリズムの世論と一致した考えを持っている。

ヤンセン兄弟は、どういった観点で種鳩の交配を行うのか、どういったシステムで作出を行うのかよく聞かれる質問である。多くのチャンピオン鳩を作出する人には、必ずや秘密があるはずで、少なくとも凡人よりは作出のことをよく知っているはずであると人々は考える。

ところが残念なことに、ヤンセン兄弟は、確実に何のシステムも持っていないのである。彼らの血統書には、いつも決まった鳩、特に〃バンゲ・ファン51〃や〃バンゲ・ファン59〃といったような、一定の鳩ばかりが繰り返し登場するのである。当のヤンセン兄弟は何も考えていないのにもかかわらず、多くの人々は、この事実に特別な意味を感じているのである。

更には、ヤンセン兄弟は意識的にライン・ブリーディング（系統内交配。いわゆる兄妹、親子交配ではなく、同じラインの近親同士の交配）を行っていて、メンデルの法則に沿ってチャンピオン鳩の作出に成功していると考える人がいるならば、それは大きな間違いである。

同じ鳩が血統書上に何度も登場するというのは、彼らの飼育羽数が少ないことから、止むを得ない結果そうなったのだ。何代も下がると、1羽の同じ鳩の子孫が、繰り返し出てくることになるのである。

しかし1羽の決まった鳩から、他の鳩のよりも多くの子孫を残しておくというのは、当然の行為である。どんな飼育者だって、その鳩舎の中で1羽の決まった鳩、またはひとつの血筋のために、それなりのスペースを割いている。

通用しないメンデルの法則

しかし、ひとつ誤解してはならない事がある。ヤンセン兄弟の父ヘンリーと彼の息子達、特にアドリアーンとシャレルは、優れた鳩のイメージについて、信じ難いほどの感性と驚異的な勘を備えていたことは事実である。こういった生まれながらの天分をこれほどまでに備えた飼育者は、彼ら以外には本当に僅かであろう。

これらの勘、触感、感性といったものは、いつもながらの繰り返しではあるが、それを習得することは難しく、それを追求することは無意味であろう。当のヤンセン兄弟でさえ、これを言い表すことは出来ない。そして、もし誰かがそれをやろうと思っても、良い鳩が備えている特徴を列挙する以外、何も出来ないという結果に終わるはずである。

ヤンセン兄弟は、満足のいく体型を備えたレース成績の良い鳩で、迷うことなく作出を続けてきた。作出された鳩の体型とレース成績は、ヤンセン兄弟に、その鳩の両親が適したペアリングであったかどうかを教えてくれた。また、そのペアリングを更に継続するべきかどうかも、それで決めることができたのである。

〝メンデルが神ならヤンセン兄弟はその提唱者〟

などいう考えを持って素晴らしい鳩を作出しようとしている愛鳩家がいるならば、少し頭を冷やしたほうがよいかもしれない。ヤンセン兄弟は、そのような科学的知識を持ったこともなければ、信じたこともなかった。要するにヤンセン兄弟が、メンデルの法則や他の遺伝学者のお陰で、多くの傑出した鳩を作出し続けることが出来たと思うのは、大きな間違いなのである。

驚異！ ヤンセンのレース成績

レース成績から得た名声

ヤンセンが世紀にわたって獲得したレース結果は、最も虚偽なものであるなどと豪語することは、実に馬鹿馬鹿しい。ヤンセンの素晴らしさは充分に知られているし、その素晴らしさは、決して大量の記事であるとか、派手な宣伝広告で得たものではない。彼らの名声は、すべて鳩レースの結果に基づいている。1951年以降、彼らは鳩の広告を載せたことはない。鳩レース新聞には、一度も優勝したこともないようなレースマン達の記事などばかりが掲載されていた。

それは、まるでヤンセンが素晴らしい成績を挙げ、チャンピオンに輝いていても、彼らが関係しているというだけで、雑誌記者達は揃って貝のように口を閉ざしているかのようにも見えた。しかし、これは内部の人間にとっては別に驚くほどのことでもなかった。

まず認識しておかなくてはならないのは、ベルギーやオランダの長距離レースに関する記事はとても人気があり、もちろん広告も打たれていた。これは誰も知っていることだが、ベルギーの鳩レース新聞は、オークションだけで存在できているようなものである。

新聞社は、生き延びるためには〝トップ・フライター〟などと銘打ち、分譲広告を横取りするなどして互いの首を締め合っていた。しかし、新聞の力を借りて鳩を販売する場合、その愛鳩家は利益の半分しか手にすることはできないのである。もし十万ベルギーフランで1羽の鳩を売ったとしたら、購入者は20％余分に支払い、販売者は20％失う。即ち、新聞社が四万ベルギーフランを儲けることになる。このように、毎年何百万ベルギーフランという額が動いている。新聞社は、これらのお金がなければ存在など不可能なのである。

記者は、分譲の可能性を秘めたフライターの記事をどんどん書いた。彼らがどのようなレース結果を残しているかなどはそれほど重要ではない。ただ、その愛鳩家の名前を載せるだけでよいのだ。それに素晴らしい成績があればさらに良いというだけである。ベルギーには、素晴らしい成績を持つ鳩舎が多く存在し、もちろん記事も沢山書かれたいたが、ほとんど読まれることはなかった。

そんな中、新聞社はヤンセンから金を巻き上げることは決してすることは出来なかったし、彼らもずっと口を閉ざしてきた。どんなに素晴らしい成績を残しても、そのバリアは破られることは決してなかったのだ。

恐るべしヤンセン！

ヤンセンの一貫性のある成功が、彼らを唯一無二の鳩舎にのし上げた。多くの鳩舎が1年間、或いは数年間はそこそこの成績を挙げることは出来る。しかし、ほとんどのフライター達がその後は落ちて行く一方なのである。

世紀にわたってレースを独占し、さらには素晴らしい鳩を他鳩舎に提供し成功させることが出来るのは、ヤンセン以外にはいない。そして、これが他鳩舎によって繰り返されることは決してないだろう。第二次世界大戦以前、既にヘンリー・ヤンセンが20回優勝した雌鳩を作出している。その時でさえ、ドーピングか何かをしているのではないかと疑われていた。そして１９８３年現在、ヤンセンの名前はチャンピオン・リストのトップで輝き続けている。

ヤンセンがどうしようもなく最悪な成績を残したシーズンが一度でもあったであろうか。だれもが『ノー』と答えるであろう。もしアーレンドンクが、ベルギーの中でお金を賭けてレースに参加するのが最も難しい町であるとするならば、それはヤンセンがレースに参加しているからと言っても過言ではない。金を賭ければ、だれもが少しでも儲けたいと思うのは当然のことである。

ある時、アルベルトとヤヌス・フェルホーベンが、古くからアーレンドンクにいる愛鳩家に、ヤンセンはまだ良いポジションにいるのかと聞くと、その愛鳩家はこう答えた。

『あいつら相手に金を賭ければ、大損をすることになるよ』。

最も注目すべきことは、ヤンセンの一定不変の成功とスーパーピジョンの作出であろう。〝019〟〝ヨンゲ・メルクス〟〝アウデ・メルクス〟〝ラケット〟〝ヘールオーガー〟〝フーデ・ブラヴェ・ファン54〟〝ヴォンダー・フォスケ・ファン45〟〝フィテスケ・ファン46〟〝フォス・ファン39〟〝ラッペ〟〝ヴィットオーガー・ファン33〟等々。彼らはすべて15回又はそれ以上の優勝を簡単に手にしている。さらに言えば、何年にもわたって作出された銘鳩の数々を考えれば、これらの鳩は氷山の一角にすぎない。

1935年からの主な成績

簡単にではあるが、いくつかのレース成績を掘り起こしてみることにしよう。その中で最も素晴らしい成績を再現しようと試みたが、その選択は非常に困難である。1935年から1939年までに、67回優勝を獲得している。それらは、まさに〝ラッペ〟、〝ヴィットオーガー・ファン33〟、〝フォスケ〟、〝グローテ・ダィフィン〟、〝グローテ・ヴィットオーガー〟の年であった。

1935年は特に秀でた年で、なぜならば〝ラッペ〟が若鳩にして次から次へと勝利を重ね、

フィテスケ・ファン46＝Viteske van 46
フォス・ファン39＝Vos van 39

しかも大差をつけての勝利であったからである。1935年は、ヤンセンがトゥルンホウトでレースを始めた年でもあった。彼らは2羽をエントリーさせた。結果は、201羽中優勝と4位。8月25日のことである。

それから丁度1年後、トゥルンホウトに今度は3羽の鳩を持ち寄った。655羽が参加したノヨンからのレースである。これら3羽のヤンセンの鳩は、優勝、2位（後続鳩を5分引き離して）、45位を獲得した。スコール通りにこの3羽が帰って来た時点で、全体の1割も帰還してはいなかった。このレースに参加した他のレースマン達は、ヤンセンが参加すれば絶対に勝ち目はないことを認めざる得なかった。

同年、ヘレンタルで行われたイベントで高額を儲けることとなった。このイベントには、また3羽をエントリーさせた。324羽が参加したレースで、結果は優勝、2位、4位！

1937年、ヘンリー・ヤンセンと息子達は、シャトローからのレースに参加した。2羽を投じ、2つの入賞を獲得。完勝の565キロレースであった。ヤンセンが、彼らのトップ・クラスの鳩をレースに投じたのは、これが最初で最後であったことは知られている。

1938年の成績はこれまで以上であった。4月10日、380羽が参加したハーレからのレースに、ヤンセンは17羽をエントリーさせた。結果は、優勝、2位、3位、8位、9位、15位、26位、36位、56位、57位、82位と100位である。同年5月8日には、ポンサンマックスからのレースで、エントリーした12羽が、優勝、2位、4位、5位、7位、8位、13位、15位、27位、40位と43位を獲得した。これらは9分間ですべて記録されたのである。1983年は最も重要な勝利の年であった。4月24日、ヤンセンはサンカンタンからのレースで、294羽を相手に優勝を手にした。優勝に続いて2位、4位、10位、12位、26位、28位にも入賞している。同年、〝ラウシュタールト〟がヘールからのレースで、2位以下を11分引き離して優勝。加えて2位、3位にもヤンセンが入賞を果た

- TURNHOUTSE JIVENLIEFHEBBERSBONT -

Erevoorzitterschap JAN DE SOMER WIND NOORD OOST

Voorlopige Uitslag PRIJSKAMP uit NOYON op 29.8.48

KP 158 - HFT 469 - PR 475 - PS 478 - SCH 475 - VERPLICHTE INLEG 530 - POULEN 1 523 - 2 518 - 3 499 - 4 429 - 5 409 -
10 283 - 15 163 - 20 118 - 25 65 - 50 28 - 100 7 - MIEZEN 1 505 - 2 490 - 3 452 - 4 372 - 5 348 - 10 223 - 15 113 -
20 82 - 25 47 - 50 22 - 100 6 AANGEDUID VELO 2 117 - 3 56 - ISTE BEST 508 - SERIES 2 221 - 3 105 - 4 41 - 5 22 - 6 12
7 6 - 8 5 - KEIZERSPOULE 96 - EREPOULE I47 - MAIS 1 446 - 2 189 - SERIE 2 ROYAL 196 - 3 96 ONAANGEDUID 2 419 - 3 315
RADIO 47 - ONAANGED VELO 2 208 - 3 160 - SERIES SP RANG 2 127 - 3 61 - ONAANG 2 235 - 3 187 - MONSTERPOULE 221

Nº NAAM	RING	J. G	IOU	V.A.	IOU	AFST.	SNELH	234.5.IOI52025 50 100	I2 3.4.5.IOI5	100 50 20	M. B.	PB S MPL KE E M	R	TOT
I.JANSEN HENRI	6095467	48 5	32.53	7	33.00	243670	II139	959I2I530456075I50	6II2I824306090	570	25220	500250I00705		3024
2.JANSEN HENRI	6044325	47 4	33.32	7	33.39		II404	959I2I530456075I50	6II2I824306090	570	25I70	500250I003524		262I1
3.JANSEN HENRI	4II053	45 I	33.4I	7	33.48		II396	959I2I530456075450	6II2I824306090	II70	25I70	I58500250I003524		36792
4.JANSEN HENRI	4II039	45 7	34.0I	7	34.08		II378	959I2I530456075	6II2I824306090	270	25I70	420250I00		I739
5.JANSEN HENRI	6276372	46 2	34.I4	7	34.2I		II367	959I2I530456075450	6II2I824306090	470	25I70	250I00		I969
6.JANSEN HENRI	604433I	47 9	34.29	7	34.36		II454	959I2I530456075	6II2I824306090	270	25I70	220I00		I289
7.JANSEN HENRI	4II042	45 3	37.05	7	37.I2		II2I8	959I2I530456075I50	6II2I824306090	270	25I70	I00		I2I9
8.V.BREDA J R	782I90	45 I	39.05	I3	38.52	244490	III70	959I2I530456075I50	6II2I824306090	245	25I70	I00	II94	8
9.VERDONCK AUG	45II4II	46 I	34.08	I0	34.I8	239200	III6I	959I2I530456075250	6II2I824306090	I20	25I39	I00	II38	9
I0.PEETERS J R	6207657	46 I	34.48	4	34.44	238880	III24	959I2I530456075I50	6II2I824306090	I20	25I20	I00	I0I9	I0
II.DAEMS JOS	6273009	46 I	37.55	I3	37.I2	242I50	III23	959I2I5304560	6II2I824306090		25I20	I00	674	II
I2.EYSSEN J.B.	6473I90	47I2	39.34	5	39.29	2435I0	II094	959I2I530	6II2I8243060		25I08	5	372	I2
I3.JANSSEN HENRI	6095489	48I4	39.54	7	40.0I		II074	959I2I530	6II2I82430		25		I99	I3
I4.MOONEN JOS R	6184294	46 2	43.00	6	42.54	246790	II07I	959I2I530456075	6II2I824306090	I20	25		649	I4
I5.EYSSEN J.B.	6375280	46II	40.II	5	40.06		II063	959I2I530	6II2I8243060		25		259	I5
I6.CHRISTIAENSE	607I57I	48 I	35.55	II	35.44	238460	II053	959I2I530456075I50	6II2I824306090	I20	25		799	I6
I7.JANSEN HENRI	6044333	47I2	4I.I0	7	4I.I7		II0I0	959I2I53045	6II2I824306090		25		394	I7
I8.VAN HOEK FR	6533042	48 I	36.28	6	36.34	238020	I0990	959I2I5	6II2I82430		25		I69	I8
I9.EYSSEN J.B.	6473I78	47I4	4I.4I	5	4I.36		I0988	959I2I530	6II2I8243060		25		259	I9
20.V.BREDA JEF	6235925	46 4	42.52	I3	42.39		I0980	959I2I530456075	6II2I824306090	I00	25		629	20
2I.MOONEN JOS	46I9897	47 4	44.5I	6	44.45		I0980	959I2I530456075	6II2I824306090	I00	25		629	2I
22.CLAES L LICH	63I4097	47 2	28.I5	32	27.43	227570	I0955	959I2I530	6II2I8243060		25		259	22
23.V.LOON ALFON	6094047	48 2	45.45	3	46.I2	247780	I0954	959I2I530	[illegible]		I2		[illegible]	23
24.HOORELBEKE A	639I332	46 I	42.23	9	42.I4	243420	I0953	959I2I5	6I I82430		5		I49	24
25.BORGMANS ALF	6060809	48 I	43.2I	20	42.52	243730	I0936	959I2I5304560	6I I8243060		5		344	25
26.DICKENS LEON	6047803	47 I	36.30	I3	36.I7	236550	I0936	959I2I530	5I I8243060		5		239	26
27.SMETS VICTOR	45I9690	46 3	38.02	I7	38.I9	239480	I0923	959	5I		5		50	27
28.JANSEN HENRI	45I3898	46 6	43.06	7	43.I3		I09I6	9 3 6 9 I2 I5 30 45	60 75		6 I2 I8 24 30 60 90		5 509	28
29.GEUDENS ALF	6074I53	47 2	38.25	8	38.I7	238200	I09I6	9 3 6 9 I2 I5 30			6 I2 I8 24 30		5 I79	29
30.VUEGHS FERD	3049353	47 3	40.34	I2	40.22	240380	I0908	9 3 6 9 I2 I5 30			6 I2 I8 24 30 60		5 239	30
3I.JANSEN HENRI	45I3874	46II	43.I6	7	43.23		I0908	9 3 6 9 I2 I5 30 45			6 I2 I8 24 30 60 90		5 374	3I
32.STOOPS EDW	6074979	48 2	38.30	4	38.34	238390	I0906	9 3 6 9 I2 I5 30			6 I2 I8 24 30		5 I79	32
33.DIRKS EDWARD	6074895	48 2	4I.24	43	40.4I	240630	I0904	9 3 6 9 I2 I5			6 I2 I8 24		5 II9	33
34.WATERSCHOOT	60722I2	48 4	39.00	20	39.20	2389I0	I0892	9 3 6 9 I2 I5 30			6 I2 I8 24 30		5 I79	37

第二次世界大戦以降、ヤンセン兄弟にとって最も忘れがたいレースとなったノヨン。優勝から7位まで独占するという劇的な勝利を収めた。

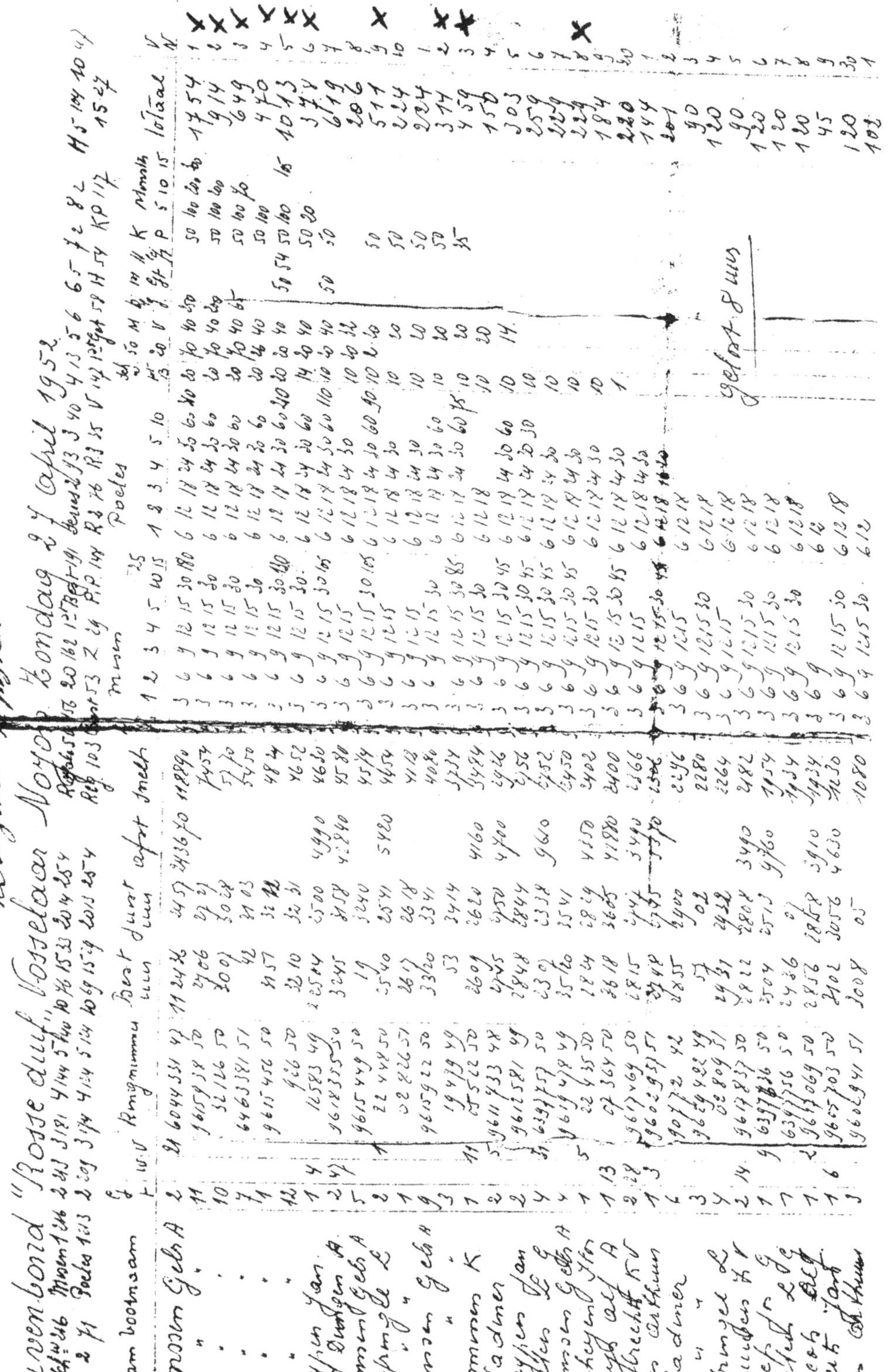

1952年4月27日、フォッセラールで持ち寄られたノヨンからのレースで、203羽中優勝、2位、3位、4位、5位、6位、9位、12位、13位、18位、32位、57位に入賞！　僅か12羽のエントリーで叩き出した成績である。

している。

ブランクをものともせず

第二次世界大戦が終わった時、ヤンセンは35羽の鳩を持っていた。だれもがこの5年というブランクが、アーレンドンクのレース状況を変えたと思っていたが、それは見事に裏切られたのである。

1945年は、戦争の危険もあって、ヤンセンは若鳩のみでレースに参戦した。たったの11羽である。しかし、最初のレースから圧倒的な成績を叩き出した。その年は優勝12回！ 1945年から1951年の優勝回数は80回にまで上る。ここ5年間でレース成績表に載ったヤンセンの鳩の数はトータルすると1670羽にまでなる、と皆が口を揃えて言っていた。

1946年には優勝12回、翌年は14回。1949年には、父ヘンリーが亡くなり、ヤンセンの時代は去ったと誰もがが推測した。ボスがもういないのであれば当然のことである。しかし、人々はヤンセンの息子達のことをすっかり忘れていたのである。

50年代初頭、ヤンセン鳩舎はこれまで以上にレース上位を独占した。それは、ヤンセンの息子達の職人技を強調するかのような結果であった。その上、彼らには、父の死後に実行し始めた新兵器（Wシステム）があった。1953年、28回の優勝を獲得。1954年には30回優勝。この間、ヤンセン・ピジョンの名声は野火のように西ヨーロッパ中に広まった。彼らの優勢はもう止まるところを知らなかった。

1955年には32回の優勝、1956年に30回。1957年に19回、1958年には15回の優勝を手にしている。1935年から1954年の間に、235回も優勝したのである！

驚異の成績を叩き出したノヨン

1945年以降のヤンセンのレース成績の詳細を見てみることにしよう。

１９４５年9月3日、キエブレからのレースにヤンセンは3羽をエントリーさせた。結果は優勝、3位、9位である。サンカンタンからのレースに4羽が持ち寄られ、この4羽すべてが上位入賞を果たしている。優勝鳩は後続鳩を4分も引き離していた。

5月5日には、トゥルンホウトで素晴らしい結果が見られた。優勝、2位、4位、5位、7位、18位、25位、30位、42位、そして92位である。これらの成績はヤンセンの15羽が６８２羽の参加鳩を相手に叩き出したものである。

１９４９年、ヤンセンは初めてプロヴィンシャルレースに参加した。オルレアンから放鳩された１１０2羽参加のレースである。オルレアンからアーレンドンクまでの距離は４４5キロ。ヤンセンがエントリーした4羽の成績は、11位、54位、66位、79位で、これはシリーズ2で1位を獲得したのである。

１９４9年は、ノヨンからのレースで忘れがたい成績を収めた年でもあった。8月29日に行われたこのレースは、かなりの衝撃を与えた。最高のレース日和に恵まれたこの日、５２6羽の精鋭がノヨンから放鳩された。その結果が出た瞬間、敵は皆彼らの傷を舐めることとなった。

ヤンセンは、優勝、2位、3位、4位、5位、6位。7位が帰ってくるまで3分待った。もちろん7位もヤンセン鳩舎である。加えて13位、17位、28位、31位、65位、96位、そして１７４位。即ち、14羽参加したヤンセンの鳩はすべて入賞したということになる。

このレースのシリーズ・ゲームでは、ヤンセンは完璧な結果を残した。シリーズ2では1～3位、6位、7位、12位、そして自転車を獲得。うまくヤンセンの間に入りこんだ鳩舎も、やはりヤンセン系の鳩で入賞していた。シリーズ3では、1位、2位、3位、そして自転車を獲得。シリーズ4、5、6、7、8はすべてヤンセンが上位を独占していた。

このレース成績表の下段には、こう記されている。「自転車はすべてヘンリー・ヤンセンが獲得

ヤンセン兄弟鳩舎において、1949年に素晴らしい活躍を見せたトップ・レーサー“グローテ・ヴィットオーガー”。

“クレイネ・ヴィットオーガー”。1949年8月29日、トゥルンホウトで持ち寄られたノヨンからのレースで優勝。ヤンセン兄弟がこれまでかつて獲得したことがないほどの成績を残した鳩。

した。残りの賭け金は一緒にシリーズ入賞に分配される」。

このような結果は、他の参加鳩舎を猛烈に怒らせた。なぜならば彼らだってそこそこの鳩を投じたにもかかわらず、すべてヤンセンに持っていかれてしまったのだから。ヤンセンが参加すれば、いつもヤンセンがすべてを持っていってしまう。これは普通のことになっていた。

しかも、どうやら、ヤンセンの鳩達はレースの日の風向きなど、まったく関係ないようである。もっと西に位置するメルクスプラスで、ヤンセンは560羽を相手に3羽をエントリーさせた。その時の成績は、3位、4位、7位である。ベールセでは、991羽参加のレースに10羽を投じ、見事優勝、2位、4位、6位、16位、24位、30位、72位と152位を獲得した。

1951年5月28日、キエブレからのレースに参加した。ヤンセンは18羽の参加で、優勝、2位、3位、4位、9位、12位、23位、35位、39位、62位、85位、142位、185位であった。

同年の7月15日には、ジェフが6羽の鳩を放鳩籠に詰めて自転車でフォセラールへ向かった。コンピーヌからのレースに参加するためである。303羽参加したこのレースで、優勝、2位、3位、36位、45位という素晴らしい成績を残した。これらの成績は立派な競争相手が不足しているから得られたものではないことは誰もが認識していたはずである。

近年の成績

ヤンセンにとって、放鳩地、風向き、参加羽数など何も怖いものなどなかった。たとえ風向きのせいでヤンセンの鳩が本来の帰還より3分遅れたとしても、必ず競争相手より3分速く帰還するからである。だからこそ前述したような成績を収め続けることが出来た。

最後にこれまでかつて誰も成し得たことのないほどの素晴らしい成績で最後を締めくくることにしよう。12羽をエントリーさせたレースで、優勝

2位、3位、4位、5位、6位、9位、12位、13位、18位、32位、57位！ これは203羽が参加したレースであった。アーレンドンクでは勿論のこと、他の町でもヤンセンはとにかくレースを独占し続けたのである。

1983年までに、ヤンセンがオールラウンドのチャンピオンに輝かなかった年は数えるほどしかない。〝アウデ・メルクス・ファン67〟、〝スケルペ〟、〝ラケット〟、〝ヘールオーガー〟、〝019〟等々、並外れた鳩の誕生のお蔭で、ヤンセンは常にトップの座を守り続けた。

1972年には、20個中17個の賞を獲得し、見事チャンピオンに輝いた。1976年には〝019〟が1年間で7回優勝し、鳩界の頂点にのし上がった。

1981年には、いわゆるオランダ・ベルギー記念祭レースが行われ、もちろんこのレースでもヤンセンが優勝を飾ったのである。

1983年にはポイシーからのレースで7羽参加7羽入賞で輝かしい成績を残している。ヤンセンの名は世紀にわたり今尚成績のトップにしばしば登場し続けているのだ。

ブラウ・ファン30＝Blauw fan　30

ラッペとその一族

ヤンセン系の源

〝スカーリー・ブラウヴェ・ファン32〟は、ヤンセン・ピジョン全ての基礎になった鳩である。

他の書物で書かれていることとは矛盾するが、この〝スカーリー・ブラウヴェ・ファン32〟は決してスクーテルスの鳩舎から来たのではないし、銘鳩〝アープ〟の直子でもない。ヤンセン兄弟は、この鳩をゴッセンスから導入したのである。ゴッセンスは、恐らく2羽のスクーテルスの鳩から〝スカーリブラウヴェ・ファン32〟を作出したのである。それにヤンセン兄弟が〝アープ〟を、スクーテルスのもとで購入したかのような話が、よく宣伝広告などで引用されているが、これなども作り話なのである。〝アープ〟はスクーテルス鳩舎で、第二次世界大戦の時、ドイツ軍の爆撃で死んだのである。

〝スカーリー・ブラウヴェ・ファン32〟は、ヤンセン鳩舎の基礎種鳩として、比類なき存在であったことは言うまでもない。

1933年と1934年に、彼は〝ブラウ・ファン30〟と交配されたが、この雌は父ヘンリー・ヤンセンの古い血統であった。このペアから作出されたのが、素晴らしくよく飛んだ〝アウデ・ヴィットオーガー・ファン33〟であった。しかもそれは、彼が生後10日目のヒナ抱きでレースに参加した時などは、負けることはまずなかったし、後続を大きく引き離したものであった。

彼はまた1歳の時には既に、単に傑出したレーサーであるだけでなく、種鳩としても優れた能力を持っていることを証明している。2位を11分も引き離

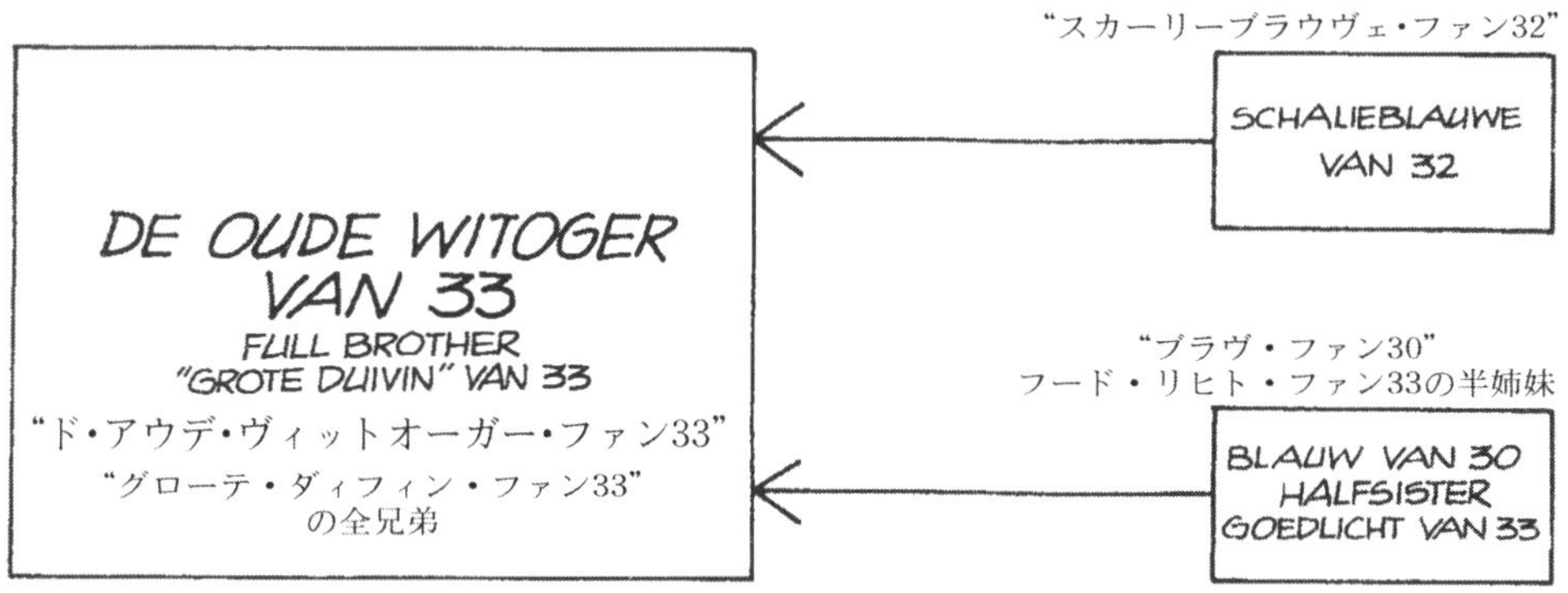

して優勝した〝ラウシュタールト・ファン34〟を作出したのだ。この〝ラウシュタールト〟の直子の1羽は、デュールネのド・ケッペル鳩舎へとトレードされたが、その鳩から作出した鳩で、彼は州全域での最優秀長距離鳩舎にのし上がったのである。ド・ケッペルは、その他にもスクーテルスの鳩を沢山所有していたことも知られている。

ギゼルのテオ・アールツは、ヤンセンとド・ケッペルの鳩の交配で、Nレースで優勝し自動車を獲得した鳩を作出した。

バールレ・ヘルトーホのモン・ファンデル・フラースは、ド・ケッペルのから〝ラウシュタールト〟の直子を1羽購入したが、その鳩はアントワープ連盟のオルレアンのレースで2位を6分引き離して優勝した。

同じモン・ファンデル・フラースは、その他にラインに住んでいたフォンス・メトザールス鳩舎からドクター・リンゼンの伝説的銘鳩〝メーウ〟の祖父母を導入している。

しかし〝アウデ・ヴィットオーガー〟だけが〝スカーリー・ブラウヴェ・ファン32〟と〝ブラウ・ファン30〟から作出された直子の中で唯一抜群に優秀な鳩だった訳ではない。〝グローテ・ヴィットオーガー〟〝ラーテ・ヴィットオーガー〟、それに〝グローテ・ダィフィン〟といった鳩が〝アウデ・ヴィットオーガー〟同様に、このペアから作出されたのである。中でも〝グローテ・ダィフィン〟は長年にわたって素晴らしい成績を挙げた直子であった。

挑戦を受けて立つ

〝ラッペ〟や〝アウデ・ヴィットオーガー〟〝ヨンゲ・ヴィットオーガー〟〝ラウシュタールト〟それに〝グローテ・ダィフィン〟など、そういった鳩達の時代に、ヤンセン兄弟の名が高められたことは、言うまでもない。ヘンリーと彼の息子達は、アーレンドンクを完全に打ちのめしてしまったのだ。

『いやあ、奴らの所には、弱い相手しかいないから簡単に勝てるんだよ。我々のところでレースをやってみればいいのさ。ここじゃあ、そう簡単には勝てないよ』。こういった際に、ご多分に漏れずよく言われるこの紋切り型の言葉である。これは、当時のヤンセン兄弟にとっても例外ではなかった。

すぐ近隣のレティーに住むメリスとかいう人間が、当時その村で最高の鳩を所有していた。そして彼もまた、ヤンセン兄弟の力を確かめたい人間の1人だったのである。彼はとうとうヤンセン兄弟に、ヘールで行われる大きなレースに一緒に参加するよう、挑戦状を叩きつけてきたのであった。

『お前達は、アーレンドンクの百姓相手には勝てるだろうが、本当に強いならこっちでも勝てなきゃおかしいだろう』とメリスは言ったのである。

ヤンセン鳩舎は、自慢家でもほら吹きでもなかったが、こういったやり方で挑戦されるのもあまり好きではなかった。それでも、彼らは12羽の鳩を選んでヘールの村へ向かった。そしてその時、いくつかの事情からあの〝ラウシュタールト〟は、第11マークにすぎなかった。

この地方全ての最高レベルの鳩が、このレースに集まった。そしてその真価を競うレースとなったのである。その結果は、歴史的なものとなった。それは長く人々の話題にのぼったのである。

メリスも素晴らしく健闘したが、ヤンセン兄弟はそのレースに完璧な勝利を収めたのである。それは優勝～3位独占で始まった。そして優勝は？　優勝したのはなんと〝ラウシュタールト〟！　しかも2位を11分引き離すという、逆転不可能な大差だったのである。それはまるで、11番目という彼にとっては恥辱的なランクにマークされたことへの仕返しとも捉えられるような引き離しかたであった。

これは同時に、ヘールに招かれてレースした最初で最後のことであった。そしてレース仲間からの挑戦もなくなったのである。

5羽の良より1羽の最良

このように〝アウデ・ヴィットオーガー〟や〝ラウシュタールト〟等々といった鳩が、最高のランクの鳩に値することは間違いないが、ヤンセン鳩舎の戦前の最大の奇跡といえば、それは間違いなく〝ラ

若かりし頃のシャレルと有名な“ラッペ・ファン35”

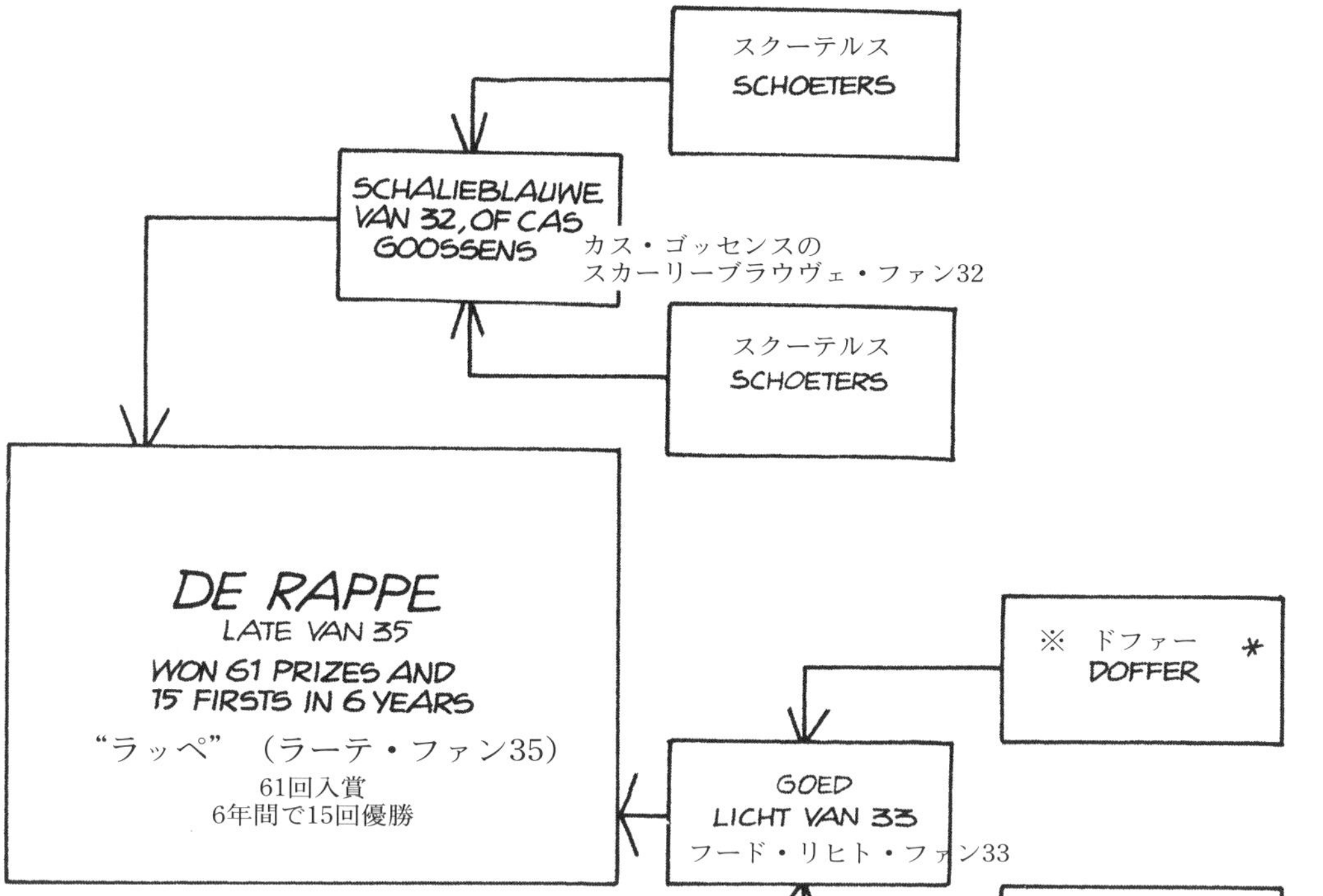

* SOLD TO FONS JANSSEN
BY CHAREL FOR 5 B.FRS.
LATER IT WENT BACK TO
JANSSEN

※フォンス・ヤンセンが5ベルギー・
フランでシャレルから買い取った鳩。
後にヤンセン鳩舎に戻ってきた。

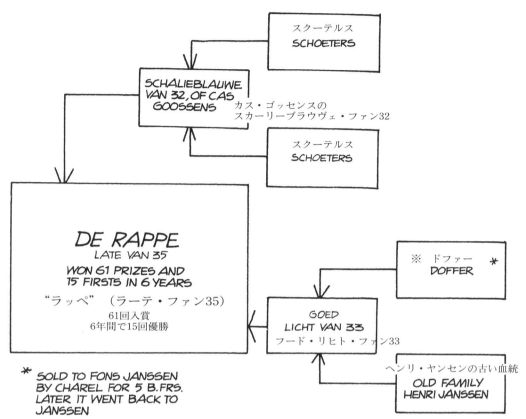

ーテ・ファン35〃（又の名を〃ラッペ〃）であろう。

〃アウデ・ヴィットオーガー〃同様、彼も〃スカーリー・ブラウヴェ・ファン32〃の直子であったが、母親は違っていた。彼の母親は〃フード・リヒト・ファン33〃で、〃ブラウ・ファン30〃の半姉妹である。レーサーとしては、〃フード・リヒト・ファン33〃は〃ブラウ・ファン30〃より優れていた。1年間で彼女はティーレンとアウデ・トゥルンホウトとそれにレティーで行われたレースで優勝している。

ヤンセン兄弟が、この雌を〃スカーリー・ブラウヴェ・ファン32〃に交配したことは、彼らの作出家として才能の顕れであると言えよう。ある鳩の種鳩としての価値を認めた場合、その鳩に対して最高の鳩を交配しなくてはならない。良い鳩はしばしば高価な鳩である場合が多いが、そういった鳩をせっかく導入していながらつまらない鳩を交配したのでは一体何になろう。ただ後悔するだけである。これは同時に、多くの愛鳩家が、あちこちで良い鳩を購入していながら成功できない原因をよく説明している。

ヤンセン兄弟は、それとは少し違う方法をとった。〃フード・リヒト・ファン33〃は、スーパーピジョンであったが為に、彼らが飼っている鳩の中の最高の鳩と交配替えをしなくてはならないと思ったのである。彼らにはひとつの原則があった。

『5羽の良い鳩を作るよりも、むしろ1羽のより良い鳩を作出した方が良い』

そして、その当時の最高の鳩といえば〃スカーリー・ブラウヴェ・ファン32〃だったのである。それは同時に、その最高の血筋を壊さず、より一層優れたものになるという利点があった。

〃スカーリー・ブラウヴェ・ファン32〃と〃ブラウ・ファン30〃のペアが、負け知らずの〃アウデ・ヴィットオーガー〃や〃グローテ・ダィフィン〃を作出しているからといっても、交配替えは行われたのである。その結果、〃スカーリー・ブラウヴェ・ファン32〃は〃ブラウ・ファン30〃の半姉妹である〃フード・リヒト・ファン33〃を配偶鳩として迎えることとなった。この絶えざる向上を目指す、ヤンセン兄弟が決して怠ることのなり努力は、劇的な形で報われることになったのである。

見こみ違いの〝ラッペ〟

この新しく組まれたペアは、世界に〝ラーテ・ファン35〟を登場させたのであった。彼はB35－658400という脚環をつけていた。この鳩について非常に興味深いのは、この有名な鳩が世にその名を馳せた最初の日というのは、他のチャンピオン鳩と異なり、レースで見出されたのではなく、それよりもっと以前に起こったということである。

1935年、2番子として生まれた1羽のヒナ鳩が巣皿の中にいた。それは小さな雄鳩である。そしてそのヒナ鳩を毎日見ていたのがアドリアーンであった。そのヒナ鳩は目覚しくよく成長し、既に巣皿の中で羽に艶があり、敵対心も旺盛であった。

『こいつは、凄い良い鳩になるぞ！』

アドリアーンは、それを繰り返し主張し続け、兄弟達も彼が言わんとしていることちゃんとを理解していた。アドリアーンは口数が少なかった。故に、彼がその口を開いた時、その言葉を誰もが真剣に聞いたのである。それに彼が鳩の飼育に精通していることは、兄弟達も知っていたのである。

アドリアーンが、既に巣皿の段階から随分と目をかけていたこの若鳩は、1羽の明るい胡麻の雄鳩へと成長した。しかし、この鳩はアドニスのように理想的な美貌に恵まれていた訳では決してなかった。彼の背中は薄っぺらく、首も短く体も小さめであった。無口ではあるが素晴らしい才能を持つアドリアーンが、この雄鳩に大きな期待を抱いていた為に、彼はもう最初のレースで第1マーク鳩となった。

………ところがその結果は悲惨のものであった。第2、第3、そして第4マーク鳩が全て上位に記録されたため、他の兄弟達の怒りはものすごいものになった。というのもシリーズ入賞を全て失う結果となったからである。

『まぁ、待ちなよ』アドリアーンは言った。『奴はまだ経験が足りないだけなんだよ。今にきっと凄いものを見せてくれるから…』。

その言葉だけで、ヘンリーと彼の息子たちにとっては充分だった。彼らはそれほどに、アドリアーンを信用していたのである。そして〝ラーテ・ファン

35〟は、次の日曜日のレースでも再び第1マーク鳩として持ち寄られた。しかし、彼はまたしてもアドリアーンが弁明した好意の全てを仇で返してしまった。アドリアーンの信頼を大きく裏切り、余りにも遅く帰還したのである。

驚異の3週連続優勝！

アドリアーンがそれほど見込み違いをすることとなった〝ラーテ・ファン35〟は、次の日曜日には第3マーク鳩で持ち寄られた。その日は、絶好のレース日和となった。そして勿論〝ラーテ・ファン35〟の敗北についてよく知っていたティスト・エイセンも、彼の庭に座って鳩の帰還を見守っていた。

その時、突然何かが彼の上をかすめ過ぎ、真っ直ぐにヤンセン鳩舎へ向かったのを見たのである。それは、確かに1羽の鳩であったかどうか、彼がはっきり断言出来ないほどのスピードであった。

『私の足はブルブルと震えたよ』とティストは言う。『まるで心臓が止まってしまったかと思ったよ。誰が石を投げたって、この鳩が飛んだほどのスピードは出ないね』

つまり、それは本当に1羽の鳩だったのであり、しかも……、何を隠そう〝ラーテ・ファン35〟だったのである。彼は2位を3分間引き離していた。その週の次には、再び素晴らしい〝レース日和〟に恵まれた。そしてこの日も〝ラーテ・ファン35〟は、レースに送り込まれていたのである。ティスト・エイセンは、やはり先週と同じように、鳩の帰りを期待して庭に立っていた。

今度は最初からヤンセン鳩舎の方を、注意深く見ていたことは理解できるであろう。そして、その事件はまた起こったのである。またしても、何か矢のような物が彼の家の上を飛び去ったかと思うと、何が起こったのか理解も出来ないうちに消えてしまったのである。

『もしも、あれが鳩だったのなら、先週と同じ奴にちがいない』と、ティストは彼の妻に言った。そして、事実それは再び〝ラーテ・ファン35〟だったのである。彼はまたしても優勝した。今回はキエブレからのレースで、2位を5分引き離していた。

3週間目は、天気がもっと良くなった。大変に暖かく、〝ラーテ・ファン35〟は、生まれたばかりのヒナ抱きでレースに持ち寄られた。理論家の考えでは、こういった天気の日には、生後5日目位のヒナ抱きでレースに参加するのは、とんでもないことだった。気温の高い日には、素ノウ内部の乳びが悪くなり、その上、鳩の意識がもうろうとなって、数時間は飛べなくなると言われている。

さて、〝ラーテ・ファン35〟は、この「生後5日目内のヒナを持った鳩は、気温の高い日には役に立たなくなるのが常である」という理論のことを、多分何も知らなかったのであろう。というのも、過去2週間のスピードよりも、もっと凄いスピードで彼は鳩舎へ飛び込んできたのである。

このレースは、サン・カンタンから放鳩されていたが、彼が打ち出した2位との記録差は、こういった短い距離のレースでは、それまで不可能と思われていたものであった。7分間も速く帰還したのである。2位以下の鳩について、一般的に後続鳩と表現するが、今回の後続鳩は、ヤンセン鳩舎よりも距離の短い位置にある鳩舎の参加鳩であった。そしてそれらの飼い主は、彼の鳩もヤンセンの鳩と一緒に飛んで来たに違いない。しかし、遠くまで飛び過ぎて戻ってきたために遅くなったのだ、と考えるしかなかった。

『もしもそれが本当なら…』。村の知人は言う。『そんな鳩のことは、忘れちまった方がいい。これまでだって、ヤンセンの鳩と一緒に飛ぼうとした鳩は、どの鳩だって一生使い物にならなくなるくらいまで体が壊れちまったんだ』

この言葉が証明されたかどうかは、勿論知られていない。その後も〝ラーテ・ファン35〟は、かなり上位に数回入賞したが、不運にも4回目の優勝は逃すことになった。

それは教会の祭りの日だった。そして〝ラーテ・ファン35〟は、大きめのヒナ抱きでノヨンに送り込まれた。しかし、前日の土曜日には、家の隣に大きなテント小屋が建てられていた。フランドル地方の村々で、こういった祭りの時にはよく見掛けるテント小屋である。
〝ラーテ・ファン35〟は、何分も経過してからやっと記録出来たほど、帰還した時にこの大きなテント小屋に驚いてしまったのである。それでもなお3位になった。これが、彼のセンセーショナルな若鳩時代最後のレース成績であった。

その後の〝ラッペ〟

1歳時の〝ラーテ・ファン35〟は、その間に名前も〝ラッペ〟（すばしっこい奴）と改められたが、成績は多少下がっていた。とは言え、それでも実に素晴らしい成績ではある。例えば、コンピーニュでの優勝、ノヨン324羽中2位、ノヨン360羽中4位などである。

その後、彼は換羽を順調にあげるために、レースから外された。また、ヤンセン兄弟によると、『弓を張りっぱなしにしておくのはよくない』ということが理由だった。彼らは〝ラッペ〟を休養させたことを、決して後悔することはなかった。なぜなら、〝ラッペ〟は、ヤンセン兄弟の期待を、彼の若鳩時代に全て充たしていたからである。

彼は、ヤンセン兄弟がそれ迄に飼ったことのある鳩の中で、トップクラスの鳩の1羽となった。いや、恐らくは最高の鳩であったろう。特に、晴れた日のヒナ抱きの場合、〝ラッペ〟は無敵だった。彼は、1940年まで飛び続け、61回の入賞を果たした。その中には15回の優勝が含まれていたが、そのほとんどはセンセーショナルなブッチ切りであった。

1937年にはノヨンで優勝（360羽）。2位を8分引き離した。1年後にはキエブレで2位を1分引き離して優勝（407羽）。サン・カンタンでは、2位を7分引き離して優勝（296羽）。ポン・サン・マックスでは、2位を8分引き離して優勝（403羽）。更にノヨンでは、2位を2分引き離して優勝（253羽）したのである。

1938年にも彼は8分の引き離しをやってのけた。これらの成績は、全てナチュラル・システムでレース参加して達成したものである。

『完全にナチュラルで、他には何のテクニックも使っておらんよ』。そうヘンリーは、当時の記者に語っている。

〝ラッペ〟とその一族がもたらしたもの

それから第二次世界大戦が勃発した。〝ラッペ〟、彼の兄弟の〝グローテ・リヒテ〟、半兄弟の〝アウデ・ヴィットオーガー〟〝グローテ・ダィフィン〟〝ラウシュタールト〟、それに彼らの一族は、その近隣広い範囲にわたって、ヤンセン兄弟の名前を有名にしたのである。

当時、ヤンセン・ピジョンの優秀性については、既に一般的に認められていた。そして、第二次世界大戦による4年以上ものレース中断が、その間に事情を一変させるであろうと誰もが期待していた。しかし、それは余りにも虚しい期待であったことを後に知らされるのである。1945年、ヤンセン兄弟は、戦前に途切れていたところから、更に破壊的な成績を重ねていったのだ。

ヤンセンは、たちまち新しい奇跡の鳩をもってカムバックした。〝ヴォンダーフォスケ・ファン45〟である。鳩質において〝ラッペ〟に比肩出来る鳩であった。

リューセルのヨス・ファン・リンプト、またの名をヨス・クラックは、彼の父親がこの当時、ヤンセン・ピジョンをオランダへ導入していたのを記憶している。彼の父親の死後は、ヨス自身がアーレンドンクに行かなければならなかった。そしてそこに、親密な友情関係が生まれたのである。その友情は彼にとって、かけがえのないものになっていった。

現在も尚、ヨスはヤンセン・ピジョン以外の鳩を一切受け付けないでいる。純粋なヤンセン・ピジョンで、彼はオランダで最も有名な鳩の愛鳩家となった。そして彼は長年にわたり、年末の授賞式には、先例のない一風変わったチャンピオンシップを制定していた。当時、特にクラックのヤンセン・ピジョンについて、その鳩質の良さは次のように書かれたり言われたりしたのである。

〝『レース鳩としては比べるものなく、種鳩としてはそれ以上！』〟

後　書　き

「最後のヤンセン」から「永遠のヤンセン」へ

本著原題「ヤンセン兄弟・アーレンドンク」がオランダのジャーナリスト、アド・スカーラーケンス氏によって執筆されたのは一九八三年のことである。折りしも日本ではスピードレースが全盛を極めており、必然的帰結として、アーレンドンク村のヤンセン兄弟が創出した系統への関心が急激に高まっていた。全距離でスピードを追い求める日本のフライターが真のスプリンターに目覚めた時期といってよい。速さとモロさを裏腹に持ちながら、他系統との相性がよいため、ヤンセン系は以来二十年間で日本鳩界に確実に浸透していった。

それから十年、天性の作出家アドリアーンを失ったヤンセン兄弟は一人、また一人と愛しい同胞（はらから）を失い、ルイとシャレルの若い兄弟二人が飼鳩を細々続けていた。当時、私はビデオの制作と発行に力を注いでおり、バルセロナ・オリンピックが行われた九二年、鳩のインターナショナルレースの撮影を敢行する傍ら、百年の歴史をもつヤンセン鳩舎の奥の院に踏み込む野望をひそかに抱いていた。息の長い折衝が奏効し、世界で初めて、ヤンセンのガーデンロフト、二階のWシステム鳩舎、三階の若鳩鳩舎をビデオ・カメラで隈なく撮影することに成功した。その間わずか四十五分。若いといっても二人とも既に八十歳を越えたご老人だけにインタビューもそこそこで切り上げざるを得なかった。

ビデオ「最後のヤンセン」のナレーションを書くに当たり、さて、どうしたらいいのかと思案した挙句、私が手に入れたのはピート・マンダース氏の作成していたヤンセン系の詳細な系統関連図と本著の英語版だった。苦労の甲斐あってこのビデオは爆発的な売れ行きを見せた。ヴィジュアルという面では未だにこれを凌ぐ表現はないというのが私のささやかな自負である。

それからまた十年。ヨーロッパ鳩界の現状を再三にわたり視察し、また様々なチャンピオンのオリジンを探っていくうちに、核心をなすのはヤンセン系であることが徐々に分かってきた。本年九月、私は意を決してオランダのスカーランス邸を訪問した。八〇年の東京オリンピアード以来、四半世紀にわたる旧知の仲である。話はとんとん拍子にまとまり、日本語版発刊への了解を取り付けることができた。「ヤンセン」の著者は今なお低音の響きいい声をしている。変わったところといえば、毛髪がブラックからシルバー一色になったことくらいか。私の方は気障にいえばロマンス・グレー。

著者によると、本著のドイツ語版、英語版は優に万部を越えたという。ドイツ鳩界はヤンセン系が最も幅を利かせているところだし、英語はセミ・インターナショナルな言語である。この二カ国版がロング・セラーになったことは納得のいくところだ。しかし、著者にとって日本鳩界との絆はまた格別なものがあったらしく、日本語版が発刊されることに喜びを隠し切れなかった。思うにビデオ「最後のヤンセン」は血統面で弱点があることは否定できない。ピジョン・スポーツがブラッド・スポーツである以上、その弱点を補って余りあるものとして「永遠のヤンセン」が存在価値をもつことは論をまたない。パート（1）に続き、パート（2）を速やかに上梓することが次の課題である。

二〇〇四年師走　愛鳩の友社社長明神庄吾

永遠のヤンセン　Part I
ヤンセン・ファミリー100年の歴史
定　価　3,000円（本体2,858円）
　　　　2004年12月25日　初版第1刷発行
著　者　アド・スカーラーケンス
発行人　明神　庄吾
発行所　（株）愛鳩の友社
住　所・〒330-0071　埼玉県さいたま市浦和区上木崎5－14－5
電　話・048-833-4180（代）833-4891（編集部）ＦＡＸ・048-833-4863
振　替・00130-0-92960
印刷所・望月印刷株式会社
コード・ISBN 4－87003－006－3　C0075　￥2858E